Relaciones de riqueza

Gladys Nichols

Relaciones de riqueza

Una guía a la plenitud

Relaciones de riqueza. Una guía a la plenitud.

Editado por Punto y Seguido Consultoría ® para Editorial TPM.

Responsable de la edición: Luis Alberto García.
Diseño de portada: Alejandro Villalobos.
Diseño de interiores: Montserrat Espinosa.

Número de registro en INDAUTOR: 03-2020-031110113900-01

info@puntoyseguidoconsultoria.com

Ciudad de México, marzo 2020.

Gladys Nichols

Relaciones de riqueza
Una guía a la plenitud

| EDITORIAL |

Gladys Nichols

__Para la divinidad que habita en ti y en mí__

Gladys Nichols

Índice

Gladys Nichols

Agradecimientos

Al Creador de todo lo que es.
A mis padres.
Al *after*.
A mis socios de negocios y vida.
A mi familia y amigos.
A TODOS los que creyeron en mí.

¡Gracias!

Prólogo

El ser humano no está hecho para estar solo.

El ser humano está hecho para tocarse, abrazarse, darse amor, cariño, comprensión, para establecer conexiones, vincularse y ser empáticos con los demás, sobre todo con uno mismo, el ser humano está hecho para relacionarse.

Vivimos en un mundo sumergido en una sociedad líquida, una sociedad que se mueve de forma impresionante y que muta a cada momento.

Somos alrededor de 7,550 millones de personas en el mundo y el número sigue creciendo. Sin embargo, lo irónico es que nunca nos habíamos sentido tan solos.

Nos convertimos en una sociedad de ermitaños 4G. No vivimos alejados de la sociedad, pero sí desvinculados de todo y de todos, principalmente de nosotros mismos.

Cuando tuve en mis manos Relaciones de riqueza, pensé: Es una herramienta increíble. Este libro nos habla de la problemática actual que nos atañe como sociedad: no sabemos relacionarnos de forma adecuada.

Lo que llamó mi atención fue que, mientras iba avanzando en la lectura, se fue apoderando de mí una inmensa paz.

El tema de las relaciones es tan complejo, pero Gladys lo aborda de una manera magistral; nos lleva de la mano enseñándonos los diferentes tipos de relaciones que tenemos que considerar en nuestras vidas, y no solo eso, sino que nos proporciona una guía de trabajo que nos ayuda a ir construyendo y fortaleciendo nuestros vínculos con los demás, principalmente con nosotros mismos, con el lazo más importante.

Espero que este libro te beneficie tanto como a mí. Te propongo que no sea uno más en tu biblioteca. Pon en práctica lo aprendido, ya que un pensamiento o deseo sin acción solo se quedarán en eso: pensamientos.

De corazón, deseo que tu camino esté lleno de éxitos y de bendiciones.

Jaime Bugarini.
Empresario e inversionista en bienes raíces.
Autor del libro *Guía para lograr un negocio millonario*.

Introducción

Gladys Nichols

Este libro es:

Una herramienta para interiorizar, reflexionar y crear una conciencia de la vida, de tu vida, de todas las experiencias y de cómo las has vivido.

Una invitación para que repares en todas las riquezas que siempre han estado aquí para ti, solo que, al irte envolviendo en el caos de la vida, las has perdido de vista y, por ende, perdiste también lo realmente valioso e importante.

Una guía que te permitirá volver a ti cada vez que recurras a ella y medites sobre diversos aspectos que son parte esencial de tu ser.

Un excelente compañero con el que podrás interactuar, cuestionar, aprender, solucionar, trabajar, convivir…

Iremos de la mano durante veintidós días analizando la relación con aquellos elementos que te rodean, con los cuales quizá no estás del todo satisfecho o que quisieras mejorar.

Deseo de corazón que contribuya positivamente en tu vida.

Gracias por permitirme ser parte de tu camino y de esta maravillosa aventura llamada vida.

La invitación es para que interiorices, reflexiones y te diviertas durante el proceso, durante el camino… tu camino.

¡Disfrútate!

Las bases:
Dos herramientas

Gladys Nichols

1. La importancia de permitir sentirte AGRADECIDO.

La palabra GRACIAS encierra un poder inimaginable y que, al decirla con profundidad, nos puede abrir todas las puertas y oportunidades que hemos deseado algunos de nosotros durante gran parte de nuestra vida. La importancia de la gratitud es en sí una de las principales llaves de acceso a la riqueza de la vida.

Al ser agradecidos generamos bendiciones, atraemos circunstancias y personas que nos conectan con nuestros anhelos más profundos permitiéndonos crear, y cocrear, una realidad más próxima a nuestros deseos.

Se trata de que realmente te permitas agradecer desde lo más profundo del corazón, que permitas que cada experiencia de la vida, por más dura que aparente ser, te dé el regalo de que reconozcas las semillas que han sido sembradas ahí para ti. Si te permites comprender, no habrá otra cosa que puedas decir más que ¡GRACIAS! Sin embargo, no se trata de que repitas la palabra como perico porque pierde completamente el sentido, la profundidad y su poder.

Sentir agradecimiento es un proceso que te permitirá ir abriendo tu corazón a lo más valioso que hay en tu vida: tú mismo. GRACIAS por permitirte dar este paso, por estar aquí, por estar leyendo estas líneas.

Esta será una de las principales herramientas que usaremos durante todo este viaje de veintidós días. Aquí te voy a mencionar solo algunos de los beneficios que tiene una práctica constante de gratitud, ya que muchas veces hacemos y decimos las cosas de manera muy mecánica. Estoy segura de que te sorprenderás cuando leas todo lo que ocurre al decir GRACIAS sintiéndolo en verdad.

Sentir y expresar gratitud no solo nos ayuda a cultivar bienestar emocional, sino que también nos ayuda a regular el estrés y, por ende, tiene repercusiones importantes en nuestra salud física, mental e interior.

¿Te lo habías imaginado?

Hoy en día existen un sinfín de investigaciones en torno a lo que ocurre en nuestro cerebro, cuerpo y emociones a través de esta práctica, por ejemplo:

- La gratitud contribuye al buen funcionamiento cerebral, ya que el hipotálamo se activa cuando sentimos agradecimiento o realizamos alguna actividad altruista, es decir, cuando contribuimos al bien de otras personas.

- El agradecimiento dispara grandes cantidades de serotonina, «la hormona de la felicidad», por lo que inhibe la tristeza y la depresión.

- Es adictiva. Los actos de bondad y agradecimiento liberan grandes cantidades de dopamina, una recompensa natural que nos incita a seguir cultivando gratitud.

- Al liberar dopamina, se alivia el dolor físico. La dopamina es un neurotransmisor que tiene un efecto analgésico y es de gran ayuda para el procesamiento del dolor, tanto físico como emocional.

- Experimentar gratitud disminuye el cortisol, la hormona del estrés. Siempre nos hace sentir mejor mirar el vaso medio lleno, y no medio vacío.

- La gratitud mejora el sueño de manera importante. Si por las noches sientes que te invade la ansiedad o angustia, comienza a hacer una lista mental de todas esas cosas por las que estás agradecido, es relajante.

Estos solo son algunos de los beneficios que irás experimentando.

El ejercitar la gratitud genera inercia para manifestar grandes cosas, nos abre las puertas de la abundancia, de la prosperidad y de la riqueza, solo hay que aprender a honrar lo que es y lo que no fue; recordar lo que la vida es y que hay mucho para ti.

Imagina que no pudieras decir nada ni expresar ninguna palabra más que GRACIAS, dicha desde el corazón. Esto sería suficiente. En sí, ya sería el lenguaje más hermoso, la oración más profunda… serías tú.

Dime, ¿por qué estás agradecido hoy?

2. Significado.

La importancia de qué significa cada cosa, situación y persona en tu vida.

Hay algo que comprender aquí. No podemos cambiar el pasado en cuanto al hecho físico y eso es inminente. Lo que sí podemos cambiar es el significado y con ello nos permitirnos vivir de una forma distinta, más expandida, más libre, más llena de todo lo que deseamos.

Y te preguntarás: ¿así de sencillo? Sí, puede ser tan sencillo como te lo permitas.

Quizá no te has dado cuenta de que ya te has enfocado demasiado tiempo en lo malo, lo negativo, lo feo, lo desagradable, el dolor, la culpa, etcétera, de las situaciones vividas o de las personas involucradas, que no te has permitido ver los significados positivos que también te han mostrado o pueden mostrarte.

Es por esto, y por muchas razones más, que irás descubriendo la importancia y el enorme valor de estas dos herramientas que estaremos aplicando a lo largo del camino de regreso a lo importante: nosotros mismos.

Día 1:
Relación con la felicidad

Se habla tanto de la felicidad, de lo que es y de lo que no es, más cada persona en su interior sabe cuándo no se siente feliz, así que dime sinceramente:

¿Eres feliz? Esta es la pregunta esencial de la vida. ¿Eres feliz?

Nos han dicho tantas cosas y nos han creado tantos conceptos que muchos de nosotros nos hemos pasado todo lo que va de nuestra vida buscando ser felices.

En esta ocasión te voy a compartir algo: la felicidad es un estado del ser que fluye a través de ti. No es un sentimiento ni una emoción. Es una fuerza pasiva, y excitante al mismo tiempo; una fuerza con la que te conectas.

Muchas veces confundimos la alegría, que sí es un sentimiento, con la felicidad. Esta última va más allá de sentirse alegre.

¿Qué tal si hacemos algo? Prueba, cierra los ojos, inhala profundo y exhala a través de tu nariz. Nuevamente inhala profundo y exhala. Una vez más, inhala profundo y exhala. Despacio, sin prisa, poniendo toda tu atención en tu respiración. Siente cómo con cada respiración se va calmando tu cuerpo cada vez más y va soltando la tensión, soltando el estrés, cada vez más relajado. En este estado de tranquilidad interioriza.

¿Cuáles son los momentos en los que te has sentido más feliz? Escoge uno y tráelo a tu mente; revívelo en todo tu cuerpo. ¿Qué sucedió? ¿Dónde estabas? ¿Con quién? Respíralo y llénate de él. Ahora escoge otro momento. ¿Qué sucedió? ¿Dónde estabas? ¿Con quién estabas? Respíralo, siéntelo y deja que tu cara esboce una sonrisa. Inhala profundo y exhala.

Sé que has vivido más situaciones en las que te has permitido inundarte de felicidad, más de las que te permites recordar en este momento. Incluso me atrevo a asegurar que han existido ocasiones en las que te has levantado sintiéndote feliz sin ninguna razón, sin que haya pasado nada en particular, sin estar con nadie en específico; simplemente sientes la felicidad que inunda tu vida en ese momento y te sientes fantástico, increíble. Pasa algo curioso: las personas lo notan. Pronto preguntarán «¿qué tienes?». Y no tienes más que responder: «Me siento feliz. ¿Por qué? No lo sé»; continúan preguntando: «¿A quién viste? ¿Qué hiciste?». Y tú dices: «Nada, solo me siento feliz». ¡Hasta a ti te sorprende esa respuesta! Es así de simple y no lo puedes explicar.

Curiosamente, si te pones a hacer un poco de memoria, recordarás que estos días fueron realmente muy buenos, fueron días mágicos, extraordinarios, en los que se dieron las cosas, en los que la vida fluyó.

¿Qué más sucede? ¿Por qué no eres feliz? ¿Por qué no te permites ser feliz? ¿Es quizá porque vives demasiado afuera viendo la vida de los demás? ¿Es por esta razón que sientes que tu vida no es suficiente? ¿Por qué vives comparándote constantemente con la vida de otros? ¿Por qué vives deseando lo de otros? ¿Qué es lo que te roba la felicidad? ¿Es todo aquello que se encuentra allá afuera o quizá eres tú mismo? Te da miedo conocerte y ver lo extraordinario que eres, y utilizas todo lo de afuera como un pretexto para no vivir tu propia vida, para no permitir que la felicidad fluya y se comparta a través de ti. Si tan solo te permitieras verte…

¿Qué hace que te sientas feliz? ¿Por qué eres feliz? ¿Son realmente las cosas materiales las que te han dado la mayor felicidad o simplemente te han causado una gran satisfacción?

Me gustaría que te respondieras estas preguntas de la forma más sincera posible, desde el fondo de tu corazón.

El día de hoy vamos a trabajar sobre esto. El día de hoy te vas a permitir recordar momentos en los que te hayas sentido feliz, tantos como te sea posible. Revívelos, siéntelos, llénate de ellos.

Ahora te invito a hacer lo siguiente.

Ejercicios para hoy:

1. ¿Qué significa ser feliz para ti hoy?

____

____

____

____

____

____

1. Escribe al menos diez situaciones en las que te hayas sentido profundamente feliz. Revívelas, vívelas, siéntelas en todo tu cuerpo y agradece por ellas. Si durante el día vienen a ti más momentos de felicidad, disfrútalos y agradécelos.

1-

2-

3-

4-

5-

6-

7-

8-

9-

10- ______________________________

____

____

2. ¿Qué hace que te sientas feliz? Es lo que te preguntarás durante todo este día. Profundizarás en esta pregunta y anotarás todo lo que se te ocurra.

____

____

____

____

____

____

____

3. ¿Cuál es el nuevo significado de ser feliz para ti ahora?

____

____

____

____

____

____

____

La frase del día:

Siembra sonrisas y cosecharás felicidad

Gladys Nichols

Día 2:
Relación con los errores

Gladys Nichols

¿Qué es un error? En la vida hemos cometido muchos de ellos. Además, hay muchas definiciones de lo que es un error. Hemos pasado gran parte de nuestra vida definiéndonos por conceptos; uno de ellos es el del error, definición hecha por otros, por cierto, y no por nosotros.

Seguramente te has hecho algunas de estas preguntas: ¿Qué es para ti un error? ¿Qué ha significado cometerlos? ¿Cómo te sientes hoy al respecto? ¿Eres de las personas que solo se quedan en la superficie martirizándose una y otra vez por los errores que cometió? ¿De esos que constantemente sienten culpa, remordimiento, tristeza, frustración, coraje? Dime, ¿qué has ganado con sentirte así? Creo que todo lo contrario: has perdido mucho: has perdido tiempo, dinero, salud, relaciones… has perdido muchas cosas.

¿Eres de las personas que constantemente se sienten víctimas de las circunstancias en las que aparentemente fallaste? Digo «en apariencia» porque siempre sucede lo que ha de suceder, solo hay que permitirse comprender. Desafortunadamente, en nuestros sistemas educativos o en nuestras casas no nos ayudan mucho en este aspecto; nos han enseñado que cometer errores está mal y esas ocasiones deben ser severamente castigadas.

¿Qué es lo que esto ha traído a tu vida? Inseguridad, miedo a ser, temor a atreverse, miedo a fracasar, miedo a equivocarse, inseguridad de amar, miedo a vivir y a experimentar todo lo que la vida tiene para ti.

Es cierto, los errores son parte del crecer, son parte del aprender, de comprender, del saborear. Es la forma en que la vida determina de qué estamos hechos, de ver nuestro temple, de demostrar los valores, de sacar lo que de verdad somos. Los errores son parte de la vida porque solo experimentando es como aprendemos.

Para aprender a caminar fue necesario caer muchas veces, igual que al andar en bicicleta. Yo, por ejemplo, cuando empecé mi pequeña carrera como gimnasta olímpica, me caí cientos de veces, es decir, me equivoqué mucho, pero cada error me acercaba más a conocer mi potencial. Esto sucede tanto en la vida personal y profesional, como en la de negocios.

A las personas que nos gusta emprender, a las que nos gusta crear o hacer negocios, sabemos que una parte fundamental del éxito es el fracaso. Sabes bien que, entre más fracasas, más cerca del éxito te encuentras, siempre y cuando te permitas aprender de ello.

Quizás en este punto pienses, por ejemplo: «Sí, claro, ¿cómo puedo decir que mi expareja es una bendición?». Es más simple de lo que crees. Primero: el sentimiento no te ha dejado ver más allá de lo aparente. Segundo: si sigues con vida, es decir, estás bien y vivo, tienes familia y has salido adelante, la experiencia ya te ha mostrado muchas cosas de ti que tú no quieres ver, y que no te has permitido ver, por cierto.

Por ejemplo, Yo, en algún momento, amé muchísimo a una persona, la cual estuvo a muy poco de matarme. Yo viví el miedo más profundo que un ser humano puede sentir y me pregunté muchas veces cómo era posible que alguien que decía amarme tanto hubiera estado a punto de matarme. ¿Cómo era posible eso? Un día, tras poner un alto y dejar de ver esa situación como una gran caída y a esa persona como el mayor error de mi vida, me pregunté: ¿qué era lo que quería mostrarme la vida? ¿Qué quiso mostrarme de mí misma? ¿Qué puedo agradecer de esa situación? Me permití ver lo que no había querido ver.

Así sucedió. Me mostró muchísimas cosas: pude ver que era una persona fuerte, que tenía un espíritu inquebrantable, me demostré ser yo misma cuando amaba, aunque me hubiera olvidado de mí; me di cuenta de que estaba viviendo mi vida a través de la vida de otros, que no me respetaba, que otras personas no me respetaban y, por ende, la persona que amaba no me respetó. No estaba viviendo, estaba sobreviviendo. Me mostró tantas cosas que hoy sé que esto no fue un error, sino un regalo, y solo puedo decir «gracias». ¡Gracias por todo lo que me mostraste de mí! Por eso, hoy puedo decir que mi expareja es una gran bendición.

Hoy quiero invitarte a que veas más allá de tus errores, a que hagas las paces con ellos. Depende de ti. Permítete ver las semillas que se sembraron en tu interior. Muchas de ellas se encuentran aún sin germinar porque, a menos de que hagas una pausa en tu vida y te permitas ver todo aquello que no te has permitido ver, aceptar lo que sucedió, tal como sucedió, seguirás en algo a lo que yo llamo «bucle», es decir, seguirás repitiendo patrones en tu vida una y otra vez hasta que te atrevas a mirarlo de frente como lo que es: una bendición disfrazada de algo a lo que sigues llamando error.

Ahora te invito a hacer lo siguiente.

Ejercicios para hoy:

1. ¿Qué significa el error para ti hoy?

    ____

    ____

    ____

    ____

    ____

    ____

    ____

2. Utiliza una hoja en blanco y divídela en tres columnas:

a) En la primera, escribirás todos los errores que recuerdes tal como se presentan en tu memoria. Ponte un cronómetro, hazlo durante, por lo menos, cinco minutos.

b) En la segunda, delante de cada error que hayas anotado, escribirás lo que aprendiste, todo lo que ese error te enseñó.

c) En la tercera, te vas a permitir, ahora que lo ves, agradecer algo de ese error.

d) Interioriza este ejercicio tanto como puedas.

3. ¿Cuál es el nuevo significado de error para ti ahora?

____

____

____

____

____

____

La frase de hoy:

Si no estás cometiendo
un error, no estás creciendo

Si estás cometiendo
los mismos errores,
no estás aprendiendo

Gladys Nichols

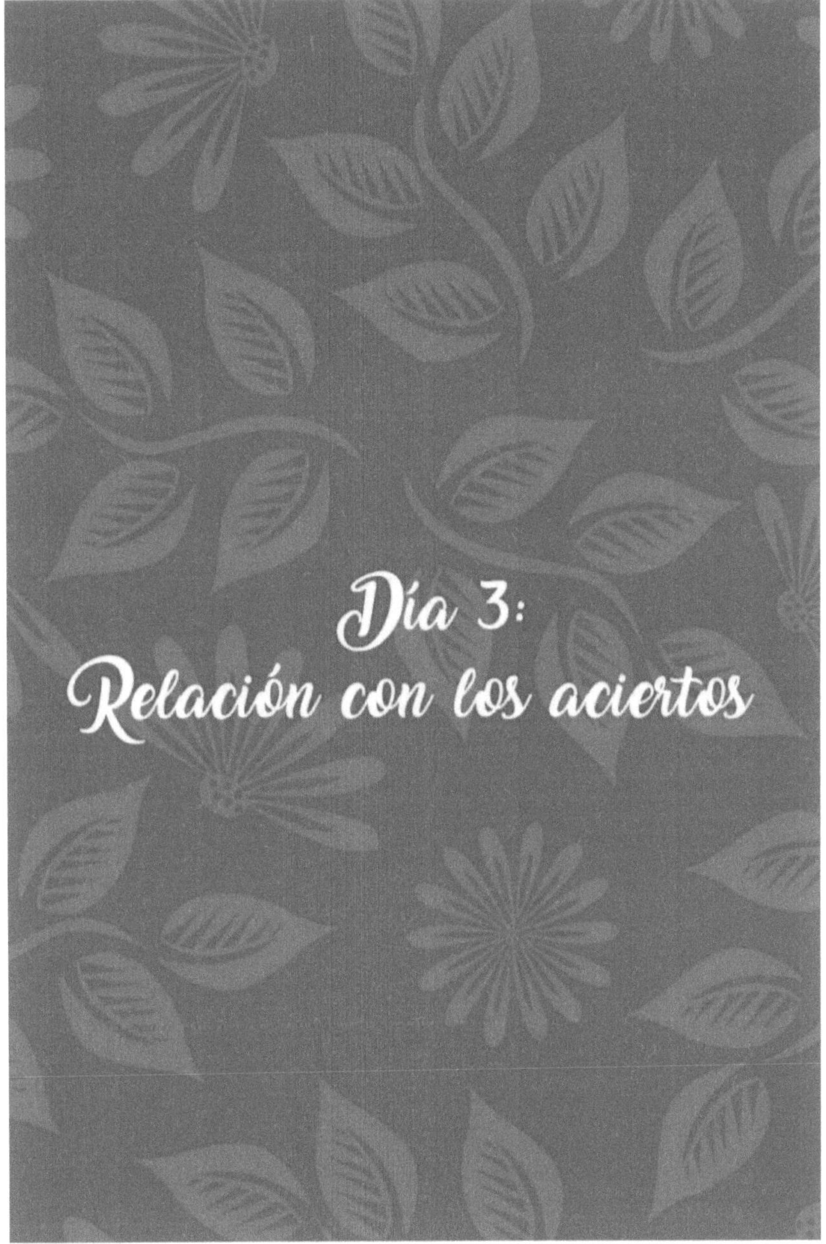

Día 3:
Relación con los aciertos

Gladys Nichols

Durante gran parte de nuestras vidas nos hemos enfocado más en los errores que en los aciertos o en las cosas que han salido bien. Creo en verdad que, si te permites poner en la balanza errores y aciertos, encontrarás que los aciertos son muchos más, solo que nos han enseñado a fijarnos más en los errores.

Algo que todos hemos vivido de una u otra forma: en la infancia, en la escuela, de repente, hay alguien que saca muy buenas calificaciones en todas las materias, excepto en una: matemáticas, por ejemplo. Sucede algo muy curioso con los papás: cuestionan a su hijo por el seis que obtuvo en esa materia; se enojan, se indignan, lo castigan, se preguntan qué está mal…, pero se olvidan de que ese niño lleva diez materias y solo falló en una; acertó en nueve con excelencia, pero solamente ven lo que falla.

En diversas áreas de nuestra vida hacemos esto, ver solo lo que «falla», ver solo lo «malo». Puede que ese niño sea un genio en otras áreas, como las letras o las artes. Si se permitieran ver más sus aciertos y las cosas que lo motivan y lo impulsan, y se enfocaran en esa parte, desarrollarían a alguien fantástico; en la parte donde falla, en los números, siempre habrá alguien que lo acompañe y lo ayude, porque todos tenemos diferentes talentos.

En esta ocasión me gustaría mucho que nos adentráramos y te permitieras reconocer los aciertos que has tenido en la vida. Muchos de nosotros buscamos el reconocimiento externo de otros, pero ¿dónde queda nuestro reconocimiento? Las cosas deben comenzar por uno mismo. ¿Qué tal si comenzamos hoy por reconocer los aciertos que hemos tenido a lo largo de nuestra vida, por todas las cosas buenas que has hecho? Son muchas, lo sé. Por ejemplo, el ayudar a alguien, el tenderle la mano a un amigo, el haber tenido la entereza para sacar adelante una situación y tomar la mejor decisión para todos los involucrados, el dar de comer a alguien, dar de beber, el auxiliar a un anciano en la calle o a un niño desvalido, el hacer alguna obra de caridad porque te nació del corazón, el ser voluntario en alguna institución, el cuidar a un familiar enfermo y tanto más.

Esos son grandes aciertos. Además, cuando nos enfocamos en esta parte de los aciertos, nos encontramos ejerciendo la sabiduría, la cual habita en nosotros y siempre es una guía que sabemos escucharla, ya que nos permite avanzar y conseguir grandes cosas. Estaría genial enfocarnos más en eso, en los aciertos, en verlos, en reconocerlos, en reconocernos, en celebrarlos, en compartirlos con otros.

Ya basta de enfocarnos en lo que está mal, ya basta de criticarnos constantemente y torturarnos por las cosas que hemos hecho «mal». Reconoce lo bueno que has hecho, porque has hecho muchas cosas buenas, muchas cosas que valen la pena; has tomado muy buenas decisiones, has tomado más buenas que malas.

Al final todo es parte de la experiencia que te permites vivir. Los aciertos nos permiten ver toda la sabiduría que hay a nuestra disposición en cada momento de nuestra vida. Interioriza tus aciertos, reflexiónalos, ánclalos y suéltalos.

Ahora te invito a hacer lo siguiente.

Ejercicios para hoy:

1. ¿Cuál es el significado de un acierto, de estar en lo correcto, de hacer las cosas bien para ti hoy?

____

____

____

____

____

____

2. Utiliza una hoja en blanco y divídela en tres columnas:

a) En la primera, escribirás todos los aciertos que recuerdes, todas las cosas buenas que vengan a tu mente, por lo menos durante cinco minutos. Si quieres ponerte más tiempo, adelante. Lo que quiero es que veas y reconozcas la mayor cantidad de aciertos que puedas.

b) En la segunda, te vas a permitir poner todo lo que aprendiste, lo que te han enseñado esos aciertos, porque esto ha sido lo que ha estado construyendo tu vida.

c) Y en la tercera, escribirás todo lo que agradeces ahora que ves tus aciertos, lo que agradeces de ti.

d) Interioriza este ejercicio tanto como puedas.

3. ¿Cuál es el nuevo significado de un acierto para ti ahora?

____

____

____

____

____

____

La frase del día:

Los aciertos son la

sabiduría en acción

Gladys Nichols

Día 4:
Relación mente-cuerpo

Lo primero que hay que comprender es que necesitan existir dos elementos para que exista una relación, de lo contrario, la idea no se puede aplicar. La relación es un entorno en el que dos o más aprenden a trabajar juntos, en armonía. No es necesario que se consideren iguales, pero pueden encontrar el compromiso perfecto entre ellos con el fin de servir y alimentar la experiencia de un propósito compartido.

Dado que en verdad eres solo uno, debes considerar tu relación contigo mismo en cuanto a la relación que tienes con tu mente y con tu cuerpo en este momento. ¿Quién eres, si no eres tu mente y tu cuerpo? Tu mente y tu cuerpo no son tan grandes como lo eres tú en realidad. Sin embargo, para ver quién eres, para saber quién eres, para que tu vida tenga un sentido en el mundo debes expresarlos a través de estos vehículos o herramientas.

Te guste o no, perteneces al mundo. ¿Lo puedes modificar? ¡Por supuesto!: en el momento en el que te des cuenta o en que te hartes de vivir la vida que has estado viviendo y veas que hay otras formas de vivirla. Vivimos en un universo repleto de posibilidades.

La relación con tu mente y tu cuerpo es el escenario principal, donde la sanación, la curación y el empoderamiento van a ocurrir: estos son los ámbitos del crecimiento. Tu conciencia es limitada, pero puede crecer a medida que amplíes las relaciones contigo mismo, con los demás, con el mundo.

Tienes una relación contigo mismo, la relación entre tu mente y tu cuerpo. Tu mente es un mecanismo de pensamiento que hace funcionar a tu cuerpo. Tú eres el ser que hace funcionar su mente. No obstante, si estás completamente identificado con ella, no podrás experimentar todo tu ser, y lo mismo pasa con tu cuerpo: rara vez podrás experimentar tu mente de manera objetiva, utilizándola como la *herramienta* más fabulosa y maravillosa que tienes para vivir la vida que siempre has deseado vivir. De nuevo hago énfasis en que son *herramientas* porque ambas están a la orden del SER, es decir, son los sirvientes. Lamentablemente hemos convertidos a los sirvientes en reyes y aquí radica la raíz del desorden que tenemos en nuestras vidas.

La verdadera jerarquía de poder dentro de ti es principalmente tu SER, luego tu mente y tu cuerpo. Todos son uno y no se encuentran separados, todos son importantes. La mente es el medio entre lo espiritual y lo físico que puede asimilar parte de lo espiritual y dirigirlo a lo físico. Sin embargo, las personas se asocian principalmente a través de sus ideas, de sus pensamientos y de su preocupación por su sobrevivencia física. De esta manera, se están identificando solo con su cuerpo y su mente, y esto hace que no sean conscientes de su ser o que solo lo consideren vagamente.

La experiencia del ser se produce en el momento en que se tiene una experiencia religiosa. Con esta palabra no me estoy refiriendo a ninguna institución, más bien, a cuando te permites experimentar la unión contigo mismo. Esa experiencia no es física ni mental, aunque allí se va a manifestar. La experiencia del ser es inexplicable y misteriosa. Al tenerla unos instantes es como puede existir una transformación de vida, o lo que llaman un salto cuántico. Estas experiencias ofrecen un gran contraste entre tu ser, tu mente y tu cuerpo, lo cual abre las puertas para el crecimiento, el desarrollo y la expansión de todo tu potencial.

El cuerpo es un vehículo limitado. La mente, aunque va más allá del cuerpo, también lo es, por ello muchas experiencias se viven limitadas. Por el contrario, tu ser tiene una mente y es muy diferente de la mente que piensa. Esta *mente mayor* es lo que llamamos conocimiento, conciencia. Tu ser sabe mientras que tu mente piensa y tu cuerpo actúa.

Tu cuerpo es el más frágil y temporal de estos aspectos. Tiene una vida útil limitada, está plagada de retos y está hecha de lo que está hecho el mundo. Tu cuerpo es absolutamente necesario y requiere cuidado y mantenimiento (esto lo veremos más adelante con detenimiento) porque es el medio a través del cual nos comunicamos con el mundo. Si tienes una mente sin cuerpo, aún puedes comunicarte con el mundo, pero ¿cómo podría escucharte? Y, si estuvieras en un estado puro del ser, lo impregnarías todo y estarías en comunicación con todo. Esto es lo que pasa cuando morimos físicamente: volvemos a formar parte del todo. ¿Recuerdas? La energía no se crea ni se destruye, solo se transforma (Albert Einstein).

Tu cuerpo no vive tanto como tu mente. Esta última vivirá tanto como necesites estar en esta realidad física. Tu ser vive para siempre, por ello los ámbitos de desarrollo son el físico y el mental, pues tu ser no se puede desarrollar, solo se puede reclamar. No hay crecimiento en el nivel del ser, solo hay una reclamación y reconocimiento de lo que ya eres. Debes recuperar tu ser dentro del medio físico y mental, ya que fuiste enviado para eso.

Estos son los ámbitos dentro de ti donde hay una disociación que debe ser curada. En este punto te vas a permitir ver cómo es tu mente y cómo es tu cuerpo.

Ahora te invito a hacer lo siguiente.

Ejercicios para hoy:

1. ¿Qué significa tu mente para ti?

____
____
____
____
____
____

2. Te darás algunos momentos durante el día, pequeñas pausas, para observar tus pensamientos. ¿Qué es lo que piensas? Anota tus pensamientos predominantes.

____
____
____

____

____

____

____

3. ¿Cómo te sientes? ¿Te duele algo? Le pondrás atención
    a tu cuerpo. Escribe lo que notas.

____

____

____

____

____

____

____

4. ¿Cuál es el nuevo significado de tu mente para ti ahora?

____

____

____

____

____

____

____

La frase del día:
Aquí no hay frase. Elige o crea una para ti

Gladys Nichols

Día 5:
Relación con tu salud

¿Qué es la salud? Definiéndola, podríamos decir lo siguiente: estado donde un ser o un organismo vivo no tiene lesión o enfermedad y ejerce con normalidad todas sus funciones.

Solo apreciamos la salud cuando se presenta la enfermedad; en caso contrario, no le prestamos ni un ápice de atención. Hasta que duele lo suficiente es que nos tomamos la molestia de ver qué sucede con ella.

Me interesa que profundices en lo que es la salud, que te des cuenta en qué momento sufrimos esa tremenda desconexión de una parte vital de nosotros. Es curioso porque estamos más al pendiente de cómo generar riqueza y abundancia que de una de las principales herramientas para hacerlo. Puedes tenerlo todo, pero **si no tienes salud, no tienes absolutamente nada**. He conocido personas que darían todo lo que poseen por tenerla.

Quiero invitarte a hacer un viaje profundo dentro de tu cuerpo. ¿Cómo te sientes hoy? Y, si lo quieres hacer todavía más profundo, existen dos partes más de la salud de las cuales es fundamental hablar: salud emocional y salud mental. Se reflejan en la salud física sin excepción.

¿Cómo te sientes en este momento? ¿Cuáles son las emociones que te dominan? ¿Cuáles son las emociones que suelen predominar en ti a lo largo del día? ¿Alegría? ¿Tranquilidad? ¿Serenidad? ¿Estrés? ¿Preocupación? ¿Irritación? De las personas con las que convives, ¿cuáles son sus emociones? ¿A qué tipo de personas te acercas? ¿Qué tipo de personas te buscan? ¿De qué emociones nutres tu vida?

En cuanto a la salud mental, ¿qué es lo que ves? ¿Qué es lo que lees? ¿Qué es lo que escuchas? ¿De qué se llenan tus sentidos? ¿Qué es lo que alimenta tu mente? Y todo esto… ¿cómo se refleja en tu salud? ¿Qué es lo que consumes? ¿Le das lo que necesitas a tu cuerpo? ¿Comes comida o te comes a tus emociones? ¿Qué tan saludable te encuentras hoy? ¿Cuándo dejaste de estarlo? ¿En qué momento te olvidaste de tu salud? ¿En qué momento te olvidaste de ti?

A veces, por ejemplo, una simple gripe puede ser algo emocional. Pasar por una serie de procesos hace que a veces nuestra alma tenga que sacar algo; quiere fluir, desahogarse, pero no te permites hacerlo. Muchas veces nos enganchamos en el correr del día a día, en una atmósfera donde nos dejamos llevar, dejamos las cosas para después y no nos damos tiempo.

Entonces esto se refleja en la salud. «Si tú no quieres hacer un alto, yo lo haré». Esto es lo que dice la salud a través de tu cuerpo: lo sacas o lo sacas. Tragarnos los sentimientos lastima mucho nuestra salud, no expresar lo que deseamos o lo que pensamos también, y mucho.

Para que la enfermedad se manifieste en nuestro cuerpo requiere tiempo, de mucho tiempo en ocasiones; no es de un día para otro que la enfermedad se va a manifestar. Es mucho tiempo de reprimir, de callar, de guardar lo que nos hace daño. Todos tenemos procesos en nuestras vidas, pero entre más nos permitamos verlos como son, entre más conscientes seamos de lo que vivimos y de lo que hacemos, honraremos más lo que somos.

Te invito a que repares más a fondo en tu salud, que experimentes el interior de tu cuerpo, que recorras cada uno de tus órganos, de tus emociones, que veas en dónde están atrapadas. También observa lo que entra en cada uno de tus sentidos. Obsérvate.

Ahora te invito a hacer lo siguiente.

Ejercicios para hoy:

1. ¿Qué significa la salud para ti?

    ____

    ____

    ____

    ____

    ____

    ____

2. Si quieres dar un paso más allá en tu salud, te harás una química sanguínea y un chequeo médico general. Quiero que sepas realmente cómo estás.

3. Apunta lo que comas durante el día. Todo.

    Desayuno

    ____

    ____

    ____

    ____

    ____

Comida

____

____

____

____

____

Cena

____

____

____

____

____

Snack

____

____

____

____

____

4. Sal veinte minutos a caminar y te tomarás al menos cinco minutos para ver cómo te sientes. Anótalo.

____

____

---

5. Agradece todo lo que descubras de tu salud y anótalo.

6. Una vez que tengas los resultados de los chequeos, quiero que escribas qué acciones y medidas tomarás al respecto.

Alimentación

Ejercicio

____

____

____

____

____

Disminuir o eliminar la ingesta de, por ejemplo, alcohol, tabaco, etcétera. Anótalo.

____

____

____

____

____

Manejo del estrés (y qué harás al respecto). Anótalo.

____

____

____

____

____

Salud sexual. ¿Cómo me protejo y me cuido? Anótalo.

____

____

____

____

____

____

Anota los hábitos por eliminar.

____

____

____

____

____

____

Anota los hábitos por implementar

____

____

____

____

____

____

7. ¿Cuál es el nuevo significado de salud para ti ahora?

____

____

____

____

____

____

____

La frase del día:

La salud es parte
esencial de la riqueza,
se requiere para producirla

Gladys Nichols

Día 6:
Relación con mi cuerpo

Gladys Nichols

¿Cómo te ves? ¿Qué tan importante es para ti el cómo te ves? ¿Te ves como realmente eres o ves una ilusión de ti basada en lo que otros creen ver?

Vivimos tanto hacia afuera que solemos despreciar el cuerpo que habitamos porque no cumple con los estándares que ha marcado la familia, los amigos, la moda o la sociedad. La parte en la que se debe profundizar es: ¿por qué no te gusta tu cuerpo? Si eres del escaso porcentaje al que sí le gusta también te servirá. ¿Qué es lo que no te gusta? ¿Qué es lo que sí? ¿Por qué lo criticas tanto? ¿De qué te quejas? ¿Cuáles son los problemas que le ves?

Lo interesante es que gran parte de los problemas que ves dependen de ti para resolverlos. Entonces, ¿por qué no has hecho nada para solucionarlos? El cuerpo humano es una maquinaria perfecta y maravillosa que en este momento realiza incontables funciones y no eres consciente del 99 % de ellas. Cada célula es un mundo entero y aquí estamos.

El ser humano también es contradictorio. ¿Cómo podemos despreciar algo que nos da tanto, pero que, al mismo tiempo, queremos que funcione perfectamente? Si eres de las personas que rechazan su cuerpo, también estás rechazando la riqueza.

¿Lo puedes ver? En tu cuerpo radica todo lo que necesitas: es la forma de interactuar con este mundo; es el vehículo que hace que te desplaces de un lado a otro; es el que te permite interactuar, percibir, crear, transformar; es la herramienta fundamental para que puedas realizar y llevar a cabo todo aquello que deseas hacer, experimentar y tener.

Aun así, la mayoría de nosotros lo despreciamos, lo criticamos y lo tratamos mal. Queremos que rinda, pero no le damos el alimento adecuado, y no me refiero únicamente a lo que comemos. El día de ayer hablábamos de la salud. Ahora podemos observar que la relación entre cuerpo y salud es intrínseca, ya que significa cómo nutres tu cuerpo en todos los sentidos.

Queremos que esté sano y ni siquiera lo sacamos a caminar, no le damos movimiento; nos ponemos gordos y nos enojamos con el cuerpo, ¡como si él tuviera la culpa! Aquí el punto es permitirnos ver la situación tal y como es, significa hacernos responsables de nosotros mismos, de lo que hemos creado, del cuerpo que tenemos en este momento.

¿Qué tanto lo apapachas? ¿Qué tanto lo escuchas? Recuerda todo lo que ha hecho por ti, que trabaja veinticuatro horas los trescientos sesenta y cinco días del año y solo te pide que lo trates bien, que lo cuides. El cuerpo no pide una remuneración, de ser así, ni siquiera es imaginable cuánto le deberíamos. ¿Con qué pagas la capacidad de respirar? ¿Con qué pagas la capacidad de caminar o de ver? Cuando falla una parte, cuando falta alguna función es cuando notas el valor que tiene y te das cuenta de que no es posible pagarlo con dinero.

¿De quién es la responsabilidad de mantener esta maquinaria en las mejores condiciones posibles? No quiero que vayas atrás a culparte por lo que no hiciste; se trata de lo que hagas de ahora en adelante después de saber cómo estás. Si lo desprecias, si no lo tratas bien también estás despreciando la abundancia y la riqueza, esa que tanto buscas… desprecias la vida misma.

Hoy te vas a enfocar en tu cuerpo, en tu exterior. ¿Cómo me veo por fuera? ¿Me acepto? ¿Qué me gusta y qué detesto? ¿Por qué? Sería genial que vieras un documental acerca de lo fabuloso que es el cuerpo humano. De esta manera expandirías un poco más tu conciencia de lo maravilloso que tienes en tus manos.

Ahora te invito a hacer lo siguiente.

Ejercicios para hoy:

1. ¿Qué significa tu cuerpo para ti?

   ____

   ____

   ____

   ____

   ____

   ____

2. Te vas a parar desnudo frente al espejo. Observarás cada parte de ti, te vas a permitir apreciar cada parte de tu cuerpo. Le agradecerás todo lo que ha hecho por ti y, si nace de tu corazón, pídele una disculpa por lo que no has hecho por él. Examínalo tal cómo es y aprécialo más para que puedas ayudarlo a estar mejor cada día.

3. Ve y consiéntelo. Regálale algo que sea para él: un masaje, un pedicure, un *manicure* (esto aplica para ambos sexos). El cuidarse consiste en respetar y en amar.

4. ¿Cuál es el nuevo significado de tu cuerpo para ti ahora?

____

____

____

____

____

____

____

La frase del día:

Porque me quiero,
me cuido
Si me amo yo,
me amará el mundo

Día 7:
Relación con lo que me digo

Gladys Nichols

Dos de las cosas más destructivas que tenemos como seres humanos son la percepción de nosotros mismos (a través de lo que otros ven o creen), y la charla interior que tenemos constantemente (qué es lo que me digo y cómo me lo digo, qué tanto nos reprochamos, nos criticamos, nos quejamos o qué tanto nos alabamos, nos impulsamos, nos reconocemos).

Lo importante aquí es que no somos conscientes de esa constante charla destructiva o constructiva que tenemos con nosotros mismos. Te aseguro que es una de las razones principales por las cuales no has permitido que se desaten en tu vida las riquezas que por derecho divino te corresponden.

Escucha cuántas veces al día te repites: «no puedo», «es muy difícil», «la situación es muy complicada», «no se me ocurre nada», «no tengo la capacidad», «no soy creativo», «no creo en mí», «soy un mediocre», o también puede que te digas «soy un chingón», «puedo hacerlo», «soy imparable, un genio», «tengo las mejores ideas», «me gusta cómo soy», «soy súper creativo», «puedo lograr todo lo que me propongo».

¿Alguna vez te has permitido ser consciente de lo que te dices? Aquí voy a incluir aquello que llamamos «pensamiento positivo». Este va de la mano con lo que te repites y una de las razones por las que no funciona es porque por cada cosa buena que te dices en tu pensamiento se repiten diez cosas malas.

Depende de ti cortarte las alas. A veces utilizamos a las personas para justificar lo que hacemos con nosotros mismos. Hoy es un buen día para poner atención y conciencia a tu charla personal; allí es donde comienzan a germinar las semillas de la riqueza que deseas ver crecer con tanto anhelo.

Me gustaría mucho que te permitieras escuchar qué tanto te dices, cómo te lo dices, qué sientes cuando te lo dices. Tu charla personal va muy ligada a lo que piensas de ti. Si te permites ir un poquito más profundo, me gustaría saber si esos pensamientos son realmente tuyos o fueron pensamientos que adoptaste de alguien más. ¿En qué momento dejaste de creer que las cosas eran posibles? ¿Te dices constantemente que no eres capaz de hacer o realizar determinadas tareas?

Mi intención es que cada una de estas lecciones te permita profundizar y llegar hasta la raíz de aquello que no te permites ver por miedo a reconocer la grandeza que uno posee en su interior.

Ahora te invito a hacer lo siguiente.

Ejercicios para hoy:

1. Escribe o graba cinco minutos de lo que estás pensando; todo lo que pasa por tu mente, sin darle importancia a la ortografía o la gramática. Una vez terminado el ejercicio, harás una pausa para permitirte leer e interiorizar lo que transmiten tus pensamientos. Utiliza tantas hojas blancas como te sea posible.

2. A lo largo del día, pondrás atención a las palabras que te dices. Determinarás si las palabras que expresas son predominantemente positivas o negativas y escribe lo que más repites.

____

____

____

____

____

____

____

3. Agradece lo que te hayas permitido ver porque te servirá para seguir creciendo y anótalo.

____

____

____

____

____

____

____

La frase del día:

Gladys Nichols

Día 8:
Relación con lo que expreso

Gladys Nichols

Si las personas de verdad tuviéramos consciencia del poder que hay en la palabra, en lo que expresamos con nuestras palabras, la cuidaríamos más y buscaríamos más el silencio.

El silencio es una de las características de los grandes sabios que han existido a lo largo de la historia. Busca la biografía del que tú quieras. Todos, sin excepción, buscaban el silencio. ¿Por qué? Porque comprendían el poder de las palabras y el poder del silencio.

Lo que expreso a otros está directamente conectado con lo que me digo a mí mismo. Es decir, si una persona suele insultar a otros, en el fondo, es la forma de insultarse a sí mismo. ¿Por qué? Pueden existir innumerables razones.

Hoy te invito a poner mucha atención a lo que sale de tu boca, a lo que dices: ¿pones atención a lo que dices o solo hablas por hablar? ¿Qué sientes cuando estás hablando? ¿Estás presente en la plática que tienes con cada persona? ¿Le pones atención a lo que la otra persona te dice o solo estás esperando el momento para hablar? Hoy vas a escuchar con mucha atención todo lo que le dices a las personas. Sé que has escuchado aquello de que las palabras pueden construir o destruir. ¿Cómo son tus palabras? ¿Construyen o destruyen?

Hoy te voy a compartir dos cosas de mí. Mi papá, una persona muy importante en mi vida, siempre me decía una frase que ha marcado profundamente mi existir, una frase de mucho poder: «Si te caes mil veces, las mil veces te levantas». A cada rato lo repetía, sobre todo cuando yo cometía algún error o algo no estaba bien: «Si te caes mil veces, las mil veces te levantas». ¿Y sabes? Eso es lo que he hecho toda mi vida. Cada vez que caigo me levanto. Recuerdo esas palabras y las llevo en mi corazón. Algunas veces cuando me aflijo, algunas otras cuando he sentido que no puedo, recuerdo esas palabras y me dan la fuerza para salir adelante. En momentos fuertes, esas palabras han sido una bandera para mí y me han obligado a reinventarme; así como el ave fénix, a surgir de las cenizas.

Hubo otra frase (caso contrario) que también me dijo. Fue algo que por mucho tiempo estuvo en mi corazón, por desgracia, cargado de un sentimiento negativo: «No brilles, no brilles tanto, hija. A los hombres no les gustan las mujeres que brillan».

Esa frase se quedó atrapada dentro de mi corazón. Yo peleaba y me preguntaba por qué estaba mal compartir lo que tú eres. Eso es a lo que llamo el brillo: a compartir tu esencia con las personas y a contribuir con lo que tienes en tu corazón para dar. ¿Por qué no me van a querer así como soy? ¿Si brillo, si tengo éxito, si me hago notar de alguna forma?

Esto me impedía brillar, me impedía ser lo que soy y superarme, a pesar de que mi esencia constantemente me llevaba hacia allá. Tuve que interiorizar mucho con esa frase dado que fueron palabras muy negativas que me costó eliminar de mi vida, más porque me las dijo una persona muy importante.

En el caso de las comunidades judías, en particular en el de las madres judías, la primera cosa que hacen con sus hijos al despertarlos por la mañana es empoderarlos con la oración. Entre las palabras que utilizan, remarcan que ellos son los hijos escogidos por Dios, que son el pueblo elegido y que pueden lograr todo aquello que se propongan y esté en su corazón. No sé si alcances a sentir y ver el poder de estas simples palabras.

Se me hace algo magnífico. Yo nunca he conocido a un judío en una mala situación económica. Al contrario, todos los que he conocido son personas prósperas, abundantes y generosas. El poder de las palabras de esas madres hace milagros. En cambio, en nuestra cultura, levantamos a nuestros hijos a gritos y sombrerazos: «no seas flojo», «no seas *huevón*», «eres un inútil» … diciéndoles cosas feas, levantándolos de mala gana por cosas que no tienen nada que ver con ellos, en muchos de los casos.

Aquí me gustaría preguntarte qué es lo que sale de tu boca. ¿Son juicios? ¿Quejas? ¿Chismes? ¿Calumnias? ¿Mentiras? ¿O más bien usas tu boca para emitir palabras de aliento, de poder, palabras de paz y sabiduría, palabras de amor? ¿Qué sale de tu boca cuando le hablas a tu pareja, a tus hijos? ¿Cómo le hablas a tus padres o a tus amigos?

¿Cómo suelen ser tus palabras? ¿Das alas o las cortas con tus comentarios? ¿Tus palabras conducen al fracaso o tus palabras impulsan a mejorar y a salir adelante? ¿Eres de los que siguen la corriente para pertenecer, para agradar, para caer bien, sin importar si hablas mal de la persona o si dices algo falso? ¿O, por el contrario, de tu boca salen bendiciones y cosas positivas, como halagos?

Las personas reflejan lo que hay en su corazón. Si estás enojado con la vida y la vuelves responsable de todo lo que te ha sucedido, arremetes contra todo; solo ves desgracias y lo mal que está el mundo. Un versículo de la biblia dice una verdad enorme: *De la bondad del corazón se expresa la boca*. Cada persona es un mundo, y puedes construir un universo entero o destruirlo… solo fíjate en tu vida.

Hoy te voy a invitar a que elijas contribuir y, si no puedes hacerlo, mejor te invito a que guardes silencio.

Ahora te invito a hacer lo siguiente.

Ejercicios para hoy:

1. ¿Qué significa para ti expresarte?

   ____

   ____

   ____

   ____

   ____

   ____

   ____

2. ¿Qué es lo que hablo? ¿Qué es lo que expreso a las personas? Graba una conversación que tengas con alguien durante cinco minutos. Graba dos o tres conversaciones a lo largo del día y después escucha con mucha atención. Eso es lo que expresas. Anota lo importante que descubras de ti.

____

____

____

____

____

____

____

3. Si no tienes nada positivo para aportarle a alguien, te vas a quedar en silencio.

4. Agradece. Da gracias por todas las cosas que hayas descubierto de ti con ayuda de esta lección.

____

____

____

____

____

____

La frase del día:

Lo que expreso a los demás
es el abono de mi riqueza
extendida

Gladys Nichols

Día 9:
Relación con mis emociones y
sentimientos

Gladys Nichols

En esta lección vamos a ir más allá de las emociones. Voy a hacer mucho énfasis en la vibración, que es la parte más profunda. Nosotros somos vibración y ella es la esencia de nuestro ser, de nuestro centro. De hecho, todo el universo en esencia es vibración; la resonancia a la que nos conectamos (porque es lo que emitimos) es lo que damos. Nuestra herramienta para saber cómo está esa vibración es precisamente nuestra escala de emociones. La vibración es lo que emites al sentir. Aquí quiero aclarar que hay una diferencia entre emociones y sentimientos: los sentimientos ocurren cuando conectamos un recuerdo a una emoción, lo que la ancla y la vuelve aún más fuerte. Las emociones son miedo, tristeza, rabia, orgullo, amor y alegría. Todas las demás se desprenden de estas, que son las básicas.

Sentimiento = emoción + recuerdo

De hecho, aquí podría hacer otra distinción porque la felicidad y el amor no son emociones ni sentimientos, sino fuerzas. Sin embargo, vamos a llamarles sentimientos para evitar complicaciones. Las emociones son como las estaciones del año: hay que permitir que sucedan, dejar que fluyan y jamás tratar de controlarlas porque ese es un error grandísimo. Cuando hacemos eso es como si quisiéramos obligar a que todo el año fuera primavera, y eso no sucede porque es algo que tú no puedes controlar, entonces la clave de las emociones es permitir que fluyan conscientemente.

¿Por qué nos atoramos tanto con algunas emociones? ¿Por qué permanecen tanto tiempo en nosotros? Y me estoy refiriendo básicamente aquí a las emociones negativas. ¿Por qué vivimos mucho en el pasado? ¿Cómo es que suelen fluir las emociones de una forma inconsciente? Cuando ocurre una situación que te da mucho coraje, no las dejas fluir, las vas guardando; almacenas más corajes y entonces explotas debido a una cosa minúscula, porque se trata de la gota que derrama el vaso.

Esta es una forma de dejar fluir las emociones de manera inconsciente. Es tan inconsciente que, cuando finalmente salen, aunque explotes, lejos de realmente dejarlas fluir, acumulas más. ¿Por qué? Porque ahora, aunado a que explotaste, también heriste a algunas personas, lo que provocará en ti un sentimiento de culpa.

Me interesa que ya no te sucedan este tipo de cosas o situaciones, por lo que hay que aprender a dejar fluir todas las malas emociones que ya están acumuladas y las que hemos añadido: el cuerpo habla, el cuerpo grita lo que nosotros callamos. Una de las cosas que acumula el cuerpo, que después se presenta en enfermedades, son emociones negativas. Cuando hablo de permitir el flujo de las emociones no solo me refiero a las negativas, sino también de las positivas, porque, aunque no lo creas, muchas personas tampoco se permiten la alegría, el júbilo, la emoción que les puede dar el haber conseguido algo. Entonces, ¿conoces cuáles son las emociones que has permitido que predominen en ti?

Voy a recalcar la parte de *permitir* porque todo lo que sucede en nuestra vida tiene que ver con lo que nosotros consentimos, absolutamente todo, y cuando me refiero a *permitir* no me refiero a los sucesos en sí, sino a cómo los percibes y qué actitud tomas frente a ellos, con qué emociones los enfrentas. Quiero que nos permitamos armonizar nuestras emociones: reconocerlas es lo primero porque todo aquello que puedes ver lo puedes transformar.

¿Cómo dejamos fluir conscientemente las emociones y nos permitimos además elevar nuestra vibración? Esto va completamente unido. Hay que elegir, por ejemplo, con quién te juntas y qué personas debemos alejar de nuestra vida. Esto puede incluir a miembros de nuestra familia, al menos hasta que recobres tu centro y no te afecte que estén cerca de ti, porque conscientemente sabrás cómo elevar o cómo mantener una vibración alta, es decir, que predomine la paz, la tranquilidad, la alegría y el amor, en ti.

¿Cómo lo hacemos? Hay varias formas. La música es una de ellas. Otra es haciendo todo lo que amas hacer. Esto te va a traer emociones altas siempre. Pasar tiempo con amistades, familia, pareja o aquellas personas que te hacen sentir alegría, paz tranquilidad, calma; tener una mascota, caminar al aire libre, tener contacto con la naturaleza, ya que ella vibra muy alto debido a que está conectada con todo lo que es; hacer ejercicio, bailar, cantar, cualquier cosa lo que implique movimiento; meditar, agradecer, respirar. Por eso, para mí fue importante mostrarles desde el principio, como manera opcional, el programa de Serenity315 (https://serenity315.com), el cual está diseñado para que vuelvas a tu estado de paz y amor y obtengas cientos de beneficios.

Dentro de las emociones que solemos experimentar, hay algunos puntos que me gustaría recordar: emociones, vibración. Antes de hablarte de ello y de pensamientos positivos y de frases o decretos, para mí es esencial que comprendas que la vibración es la base de todo, y si tú puedes recordar, porque para mí todo este camino que comparto contigo es recordar cómo volver a tu vibración más alta, vas a poder utilizar todo esto a tu favor y entonces todo lo demás tendrá sentido para ti, ya que cosas como la ley de la atracción funcionan porque se alimentan de la vibración, es decir, lo que vibras es lo que atraes, no es lo que piensas, no es lo que sientes, no es lo que haces, es cómo vibras cuando piensas, cuando sientes o cuando haces.

Entonces, para que cosas como el pensamiento positivo, frases y decretos funcionen, hay que crear la vibración correcta. ¿Y cómo se cuál es la correcta? Mis emociones me lo dicen: todo aquello que llamamos emociones positivas es estar en la vibración correcta.

Ahora te invito a hacer lo siguiente.

Ejercicios para hoy:

1. Observa cuáles son tus emociones predominantes durante el día (miedo, tristeza, rabia, orgullo, amor, alegría, etcétera) y anótalas.

____

____

____

____

____

____

2. Crea una *playlist* de música que te dé energía, que te levante, que te ponga alegre, que te haga bailar, cantar (al menos diez canciones). Esta lista la escucharás por el resto de estos veintidós días.

3. Vas a salir a caminar veinte minutos.

4. Agradece por la maravillosa herramienta que son tus emociones.

5. Si hay emociones demasiado fuertes en tu vida, que no puedes controlar tú solo, te recomiendo que veas a un especialista. Es tiempo de que, si realmente te quieres ayudar, lo hagas.

La frase del día:

Vibra alto, permítete fluir

Gladys Nichols

Día 10:
Relación con el dar

Gladys Nichols

Dar y recibir es lo mismo. Son dos caras de la misma moneda. Tenlo presente y muy claro. En todo acto se cumple, solo que no de la forma caprichosa que nosotros queremos. Desafortunadamente nos han dicho y nos han hecho creer que uno es más importante que el otro, de ahí viene mucho el desbalance y el desequilibrio que tenemos en nuestra vida. Dar es tan importante como recibir. Uno no puede coexistir sin el otro porque es parte de la armonía del universo, es parte de la experiencia. Aquí lo importante es que te permitas ver que eso siempre ha estado presente, solo que, te lo repito, no de la forma en que nosotros lo deseamos; las cosas son como son. Si te permites ver a profundidad, como ya habíamos dicho durante todas estas lecciones, vas a estar ante un juego que puede llegar a ser muy divertido.

Aquí surgen las preguntas que me gustaría mucho que te respondieras sinceramente: ¿Por qué das? ¿Das porque te sientes obligado? ¿Das por «educación»? ¿Das por compromiso? ¿Das poniendo siempre condiciones? ¿Todo tu dar es condicionado? ¿Das porque quieres ser aceptado? ¿Das porque deseas ser apreciado? ¿Das porque siempre esperas recibir algo a cambio? ¿Das porque es tu naturaleza? ¿Das porque te nace? ¿Das lo mismo que exiges recibir? Ahora, cuando das, ¿realmente lo haces con el corazón o solo es un proceso mental muy calculado? Cuando das, ¿cómo te sientes? ¿Cómo vibras?

En el dar existe una máxima: *No importa el tamaño de lo que des, lo importante es que lo hagas de corazón. De otra forma no tiene ningún valor*. Creo que muchos lo hemos experimentado, sobre todo en las relaciones personales. No importa si estás en algún tipo de relación sentimental, los términos ya los pondrás tú. Cuando te han dado algo para reparar un daño, así haya sido algo muy costoso, pero tú sabes que no es suficiente, que no es de corazón, ¿tiene valor lo que recibes? No. Al contrario, lo pierde completamente. Si nos referimos al nivel energético, anulas el cambio de energía y se disipa. Esto es muy simple: tu cuerpo lo percibe, tu ser lo siente, se siente plano, vacío, hueco. Nuestra mente se llena de justificaciones. Muchas veces nos llenamos de «bueno, lo diste».

¿Desde dónde das en tu vida? ¿Desde la carencia o desde la abundancia? Aplica en todos los aspectos de tu vida. ¿Das sabiendo que estás conectado a un universo muy abundante donde todo te es restaurado? ¿Cómo das? ¿Cómo has dado en lo que va de tu vida? ¿Cómo das a las personas que te rodean? ¿Das tiempo que vale o das tiempo que sobra? ¿Qué le das a tu entorno y a la naturaleza?

Queremos familias, ciudades, cuerpos, mundos, vidas mejores, desbordantes, ricas y abundantes… pero ¿qué es lo que damos de nosotros para lograrlo? Eternamente puedes entregar algo, pero eso que das, cuando realmente lo haces, viene de una parte interna: es *darte*.

Ahora te invito a hacer lo siguiente.

Ejercicios para hoy:

1. ¿Qué significa dar para ti?

   ____
   ____
   ____
   ____
   ____
   ____
   ____

2. Durante el día, las veces que tú te lo permitas, da desde el corazón; deja que se exprese y no permitas que intervenga tu mente: una sonrisa, una palabra amable, un halago, un servicio, dinero, apoyo… lo que te venga, dalo desde el corazón. Experiméntalo hoy y anota tu experiencia y tu vibración. ¿Qué emociones predominaron cuando te permitiste hacerlo?

____

____

____

____

____

____

____

3. ¿Cuál es el nuevo significado de dar para ti ahora?

____

____

____

____

____

____

____

4. Agradece por los descubrimientos que hayas tenido hoy y lo que aprendiste del dar, y anótalo.

____

____

____

____

____

____

____

La frase del día:

Cuando te das,
el universo te da

Día 11:
Relación con el recibir

Gladys Nichols

¿Te cuesta trabajo recibir? ¿Por qué te cuesta tanto trabajo? ¿Te permites recibir? Frecuentemente evitamos recibir. Esta es la otra cara de la moneda y, al mismo tiempo, es un reto para la mayoría. Para que haya y exista la riqueza en nuestra vida, debemos permitirnos recibir.

Me gustaría hacer una aclaración: el merecer es una creencia que nos han impuesto por muchos siglos y va de la mano con tres cosas: culpa, miedo y juicio. Eso es un hecho recurrente en nuestras vidas. Te invito a que lo observes en la tuya. ¿Por qué decimos que alguien merece o no algo? Si profundizamos, nos daremos cuenta de que, detrás del merecer, existe algo llamado soberbia.

La culpa, el miedo y el juicio venden. La gente que los utiliza lleva muchos años jugando con nosotros porque son patrones que repetimos generación tras generación. Déjame darte una máxima de la vida: no se trata de merecer o no, sino de que es tu derecho divino y te corresponde. Insistiré en algo: para que ese derecho divino esté presente en tu vida tienes que abrirte para recibir.

Insistimos constantemente en humanizar a Dios, al universo, a la vida. Si quieres que vayamos un poco más, somos nosotros los que rechazamos ese derecho divino porque aceptamos muchas cosas en nuestra vida por imposición; aun cuando nuestro interior nos grita que son mentiras, agachamos la cabeza y aceptamos lo que otros quieren imponernos. Es algo que se ha guardado en la memoria celular de nuestro cuerpo: constantemente sentimos que no merecemos algo sin importar lo que hagamos. Así rechazamos diariamente la riqueza y la abundancia.

¿Cómo?, te preguntarás. De muchísimas formas: cuando alguien te da un saludo y no respondes, cuando alguien te quiere ceder un asiento, cuando alguien se te acerca para ayudarte, cuando alguien te da las gracias por algo, cuando alguien te quiere invitar a comer, cuando alguien de corazón quiere darte dinero por algo que necesitas, etcétera.

Algunos llegamos a ser tan extremos que ni siquiera queremos que nos den una palabra de aliento. También yo he pasado por esto: estaba platicando con un muy buen amigo y él comenzó a decirme cosas muy halagadoras de una situación en la que yo había logrado mucho, pero yo las empecé a negar. Recuerdo que él se enojó y me dijo: «¡Cállate! ¡Permítete recibir!». Me di cuenta de que ni siquiera nos permitimos recibir palabras que vienen del corazón. Cuando alguien te otorga palabras de amor, de cariño, de valor, etcétera, inmediatamente respondes: «No, ni al caso. No es para tanto».

Creemos que no lo merecemos. No recibes nada de lo que deseas porque el universo responde a lo que vibras. Ahora comprenderás también por qué no te aceptas, por qué no te crees merecedor y, al no hacerlo, por qué refutas la riqueza, porque toda ella proviene y emana dentro de ti. Al rechazarnos, rechazamos la abundancia que por derecho divino nos corresponde.

¿Cómo recibes? ¿Qué sientes? ¿Qué vibras? ¿Experimentas culpa o miedo? ¿Crees que no lo mereces? ¿O recibes con los brazos abiertos, con amor, lo que se te da? ¿Te permites recibir? Recibir no es algo que está fuera de ti porque todo viene desde dentro.

Ahora te invito a hacer lo siguiente.

Ejercicios para hoy:

1. ¿Qué significa recibir para ti?

   ____

   ____

   ____

   ____

   ____

   ____

   ____

2. Hoy te vas a permitir recibir. Si alguien te da un halago o un comentario lindo de ti o de tu trabajo, te vas a callar, permitirás recibir y sentir, y solamente dirás «gracias». Si no puedes decir esta palabra, solo quédate callado.

3. Vas a interiorizar lo que aprendas de esto el día de hoy y luego anotarás tus conocimientos.

   ____

   ____

   ____

   ____

   ____

   ____

   ____

4. ¿Cuál es el nuevo significado de recibir para ti ahora?

____

____

____

____

____

____

5. Agradecerás lo que aprendas hoy y lo que aprendas de ti.

____

____

____

____

____

____

La frase del día:

Solo voy a recibir lo
que estoy dispuesto a recibir

Día 12:
Relación con el abrazar

Gladys Nichols

El tocar es algo que se ha perdido; el abrazar aún más. El abrazo es una de las herramientas más bellas que tenemos y que nos explica de mejor manera lo que es el dar y el recibir. Tocar es algo que no nos permitimos ni se lo permitimos a otros porque, para hacerlo de verdad, es necesario hacerlo desde el corazón. Es un *darte y recibirte*, es un permitir que ambas cosas florezcan en tu interior.

Vamos a desempolvar esta maravillosa herramienta que no solo te va a recordar lo que es el dar y recibir, sino que además te permitirá conectar con la parte más profunda de ti. Un abrazo es lo más sanador que puedes hacer para ti y para alguien; sin palabras, puedes decirle todo lo que sientes a una persona y puedes recibir lo mismo.

Lo necesitamos para continuar, para tener fuerza, para cerrar un capítulo de nuestras vidas y despedir el pasado; para darle la bienvenida al futuro y sentir que estamos vivos, para saber que somos parte de algo o de alguien; para saber que estamos aquí, hoy, en el momento.

Considera que, en muchos momentos de la vida, sobre todo en los más difíciles, así como también en los más felices, lo que hemos requerido es eso. Si pudieras cerrar los ojos, podría asegurarte que todo lo que has necesitado es un abrazo sincero, cálido y fuerte de alguien que te ama.

Esto de los abrazos yo lo aprendí hace muchos años de un gran maestro de vida: mi padre. Él amaba abrazarnos y yo me sentía muy amada cada vez que lo hacía. Cuando él se fue de casa a continuar su experiencia de vida (el divorcio de mis padres), era una de las cosas que más extrañaba. Él murió hace ya más de veinte años y puedo decirte que en ocasiones su rostro se desvanece de mis pensamientos y mis recuerdos, pero su abrazo cálido permanece conmigo cada día de mi vida.

Mientras te cuento esto, lo siento en cada una de las células de mi cuerpo y sé que él está aquí. Esa es una de las cosas más hermosas que podemos dejar en el corazón de alguien que amamos. Si eres de las personas que tienen o tuvieron padres sin la facultad de abrazar, por cualquier razón, que nunca les enseñaron a hacerlo, no se permitieron hacerlo o alguna circunstancia se los impidió, comprende que ese hecho también puede enseñarte algo.

A veces los hijos venimos a enseñarles cosas a nuestros padres, y una de ellas puede ser la capacidad de abrazar. Mi madre, cuando era joven, vivió una situación con mi abuela que hizo que ella reprimiera el dar abrazos. Después, cuando intentó hacerlo nuevamente y abrirse a las experiencias, vivió otra situación fuerte con mi padre que bloqueó esa facultad completamente. Con los años, y tras su separación, en mi afán de que mi madre no sintiera tanto su ausencia, comencé a abrazarla. Sé que para ella era difícil, porque podía recibirlos, pero no me los podía dar. Con el tiempo, me contó que era muy doloroso no poder abrazar a sus hijas.

No obstante, gustosa te digo: me tomó veinticinco años para que ella pudiera volver a abrir esos brazos y con ellos envolverme… algo maravilloso. Con amor, paciencia y muchos abrazos desde el corazón, una persona puede sanar muchas cosas.

¿Cuándo fue la última vez que abrazaste con todo tu corazón? ¿Cuántas veces te has permitido abrazar sinceramente? ¿Cuántos te has negado a dar o recibir? ¿Por miedo, orgullo, vergüenza? ¿O por qué?

Abrazar es el recurso perfecto cuando no tienes las palabras o no puedes pronunciarlas. Solo abraza y deja que los corazones se comuniquen. Ábrete a abrazar, ábrete a dar y recibir la riqueza y abundancia que el universo tiene para ti.

Ahora te invito a hacer lo siguiente.

Ejercicios para hoy:

1. ¿Qué significa abrazar para ti?

____

____

____

____

____

____

2. Abrazarás por lo menos a tres personas o, si es posible, a todas las que te lo permitan. La forma en que lo vas a hacer será la siguiente: de corazón a corazón, lo vas a hacer como te gustaría que te abrazaran a ti, es decir, como si te abrazaras a ti mismo. Disfrútalos, cierra los ojos si te nace, deja que tu corazón se exprese.

3. ¿Cuál es el nuevo significado de abrazar para ti ahora?

____

____

____

____

____

____

4. Vas a anotar tus experiencias, dar gracias por ellas y por los aprendizajes del día de hoy.

____

____

____

____

____

____

La frase del día:

Dar un abrazo
debe saturar
el corazón de los
latidos de otro

Día 13:
Relación con «yo primero»

Para muchas cosas que deseamos en la vida se requiere hacerlas por nosotros mismos. Esto no es egoísmo. Nos han hecho creer que no somos importantes y que tenemos que dejarnos al final, sobre todo si ya eres madre o padre o si tienes personas a tu cargo.

La pregunta aquí es: ¿cómo puedes realmente apoyar a alguien si no estás bien, si no te sientes bien, si no estás sano? ¿Cómo podemos darle lo mejor de nosotros a las personas si no nos hemos dado lo mejor a nosotros mismos?

Hay algo que reza por ahí que es muy cierto: no podemos dar aquello que no tenemos. Es muy importante empezar por nosotros. Cuando ocurren situaciones problemáticas en torno a una familia, siempre creemos que es el otro quien tiene que mejorar algo, pero no es así. El otro muchas veces es un espejo de lo que sucede en el interior de nosotros y nos está mostrando lo que pasa dentro de nosotros. ¿Qué pasa dentro de ti? ¿Qué es lo que sucede dentro de ti?

Muchos de nosotros no tenemos el valor de contemplar nuestro interior y de ir hacia nosotros, por eso la vida, en su infinita sabiduría, nos pone a las personas y situaciones que son el espejo de lo que sucede dentro de nosotros. En nuestro afán de vivir hacia afuera, queremos ayudar a otros cuando nosotros somos los que necesitamos ayuda. El día de hoy se encaminará en este sentido, en que te pongas primero a ti. Para muchos puede sonar fuerte porque muchos ponen primero a los hijos, al marido, a todos, y al final están ellos mismos.

Aquí va un relato de una gran amiga mía, mamá de cinco hijos. Me gustó mucho la forma en que lo dijo: «Yo voy primero. La que se sienta a comer y la que come primero soy yo». A muchos puede escandalizarlos esto, pero ella lo piensa de esta manera: *¿Cómo voy a darles a mis hijos lo necesario si yo no estoy bien y no tengo las fuerzas para dárselos?* ¿Y sabes? Nunca ha faltado nada en su casa.

Te voy a dar una herramienta y una reflexión sobre lo que llamo «estar a gusto». De eso se trata la vida, de que estés en el lugar donde te sientas a bien. Basta de estar en lugares donde estás por obligación; basta de hacer las cosas por hacerlas: no *tienes* y no *debes*. Se trata de estar a gusto, de permitirte hacer lo que quieres y estar con las personas que te hacen sentir bien.

Todo esto incluye el trabajo. La mayoría de la gente que está frustrada en su vida es porque está donde no quiere estar. Seguro alguien le dijo que no había más opciones, pero siempre hay opción, siempre hay forma: la vida la busca. En todo vacío siempre hay vida… ella encuentra su camino.

No hay forma de que tu vida pueda ser mejor si vibratoriamente dices y declaras que estas vacío. Busca la forma de estar a gusto donde estés y con quien estés. Se trata de estar a gusto (#SeTratadeEstarAGusto). Siempre busca eso en tu vida, ya que si te permites cerrar los ojos y recordar cuáles han sido los momentos en los que te has sentido más a gusto, también te podría decir que han sido días mucho más productivos, en los que tu estado de ánimo estuvo al tope, en los que más has sonreído y mejor te la has pasado. Busca más de aquello, deja de hacer las cosas por compromiso y haz las cosas que de verdad quieres hacer. Permítete estar a gusto.

Ahora te invito a hacer lo siguiente.

Ejercicios para hoy:

1. ¿Qué significa el ponerte primero a ti?

____

____

____

____

____

____

2. Pregúntales a cinco personas que te conozcan cuáles son las cosas que aprecian de ti y las que les gusta de ti. Anótalas.

1- ____

____

2- ____

____

3- ____

____

4- ____

____

5- ____

____

3. Hoy te vas a permitir ponerte primero a ti. Al principio de todo.

4. Te vas a permitir estar y hacer las cosas que te hagan sentir a gusto.

5. ¿Cuál es el nuevo significado de ponerte primero a ti ahora?

____

____

____

____

____

____

6. Anotarás toda tu experiencia del día de hoy y vas a agradecer por los descubrimientos de este día, lo que hayas aprendido de esta lección.

____

____

____

____

____

____

La frase del día:

Hacer las cosas
para mí y por mí
es amor

Día 14:
Relación con el disfrutar

Gladys Nichols

Disfrutar es experimentar gozo, placer, paz o alegría con alguien o algo. Es sentirte gratificado. Desafortunadamente hoy en día, a pesar de todo lo que tenemos, avances, accesibilidad a muchas cosas, cada vez aumenta el número de personas que disfrutan menos y se quejan más. Es triste ver personas que, teniéndolo todo, se quejan siempre porque nada les parece bien, nada está completo y siempre falta algo.

Yo te pregunto: ¿te permites disfrutar de la presencia de las personas que amas? ¿Te permites disfrutar de la presencia de tus mascotas? ¿De una buena plática entre amigos o una conversación de negocios? ¿De una velada romántica? ¿De tu trabajo o de tu empresa? ¿Te permites disfrutar de esos placeres de la vida, como la comida? ¿Te permites disfrutar los olores, los sabores, la textura? ¿Disfrutas de los paisajes, de un amanecer o un atardecer? ¿De viajar? ¿De salir de donde estás? ¿De ir al pueblo más cercano? ¿Incluso de disfrutar de la compañía de desconocidos? ¿Cuándo fue la última vez que te permitiste disfrutar de las cosas? ¿Qué significa para ti el disfrutar?

¿Eres de los que se permiten disfrutar de la existencia, en su realidad, en su constante flujo? ¿Te permites disfrutar de tu cama, de ver una buena película? ¿Alguna vez te has permitido disfrutar de la vida, así como se presenta, como viene, o constantemente te estás quejando y viendo el lado negativo?

Ese que disfruta es al que llamamos *el niño interior*. Solo mírate y observa a los demás; cuando realmente disfrutamos algo nos volvemos como niños, los gestos cambian, no podemos borrarnos la sonrisa de la cara y nos llenamos de vida otra vez.

Hoy te invito a que, donde estés, ya seas una persona trabajadora, una ama de casa, o ambas cosas, juegues, saltes, rías, sueltes una carcajada y dejes de reprimirte. Conecta con esa parte y deja que salga a pasear. No importa la edad que tengas, tu niño interior siempre ha estado y siempre va a estar contigo. Dale pasión para que conectes con ese gozo genuino que nos causa el permitirnos disfrutar de la vida. Si disfrutas de cada momento o de todos los que te permitas y puedas, ya estás viviendo una de las riquezas más grandes.

Permítete disfrutarte y disfrutar todo lo que la vida te regala el día de hoy.

Ahora te invito a hacer lo siguiente.

Ejercicios para hoy:

1. ¿Qué significa disfrutar para ti?

    ____

    ____

    ____

    ____

    ____

    ____

2. Te vas a permitir disfrutar de un amanecer, de un atardecer o de ambos. Llénate de esos momentos.

3. Hoy no te vas a tomar la vida tan en serio. Te vas a permitir disfrutar de lo que se te presente hoy.

4. ¿Cuál es el nuevo significado de disfrutar para ti ahora?

    ____

    ____

    ____

    ____

    ____

    ____

5. Anota tus experiencias y aprendizajes y da gracias por lo
    que descubriste hoy.

____

____

____

____

____

____

____

La frase del día:
El momento que se disfruta
es el verdadero tiempo vivido

Gladys Nichols

Día 15:
Relación con papá

«Como es afuera es adentro». ¿Alguna vez has escuchado esta frase? Como ya lo has visto, la intención aquí es que sanemos, regeneremos todo desde dentro y cada una de estas relaciones. En tu cuerpo, físicamente, papá y mamá son representados por tus piernas, son tu conexión con la tierra y con tus raíces. Si una falla, no puedes andar bien por la vida. Hoy vamos a profundizar, tanto como te lo permitas, en la relación con papá. No te diré que vayas y lo perdones, ni que salgas, lo abraces y platiques con él. Lo que vamos a hacer es observar la relación con papá en tu interior de la forma más sincera que puedas.

Papá es la fuerza y la disciplina. Ambas partes son esenciales para alcanzar aquello que deseas lograr en la vida porque son la estabilidad que necesitas para seguir cosechando éxitos. ¿Eres consecuente en tu empleo o en tu negocio? ¿Dejas las cosas a medias? ¿No te sientes motivado para levantarte y trabajar cada mañana? ¿Estás en el lugar correcto para desarrollar las habilidades que tienes?

Papá es la capacidad que tiene el ser humano para mantener su estatus, mejorarlo y seguir expandiéndose. La relación con el padre refleja la disciplina que necesitas para seguir en tus actividades profesionales. Tener una buena relación con él te da la fuerza y la energía que necesitas para tener éxito profesional y así producir dinero, y es también lo que hace que te mantengas en el puesto que deseas; es lo que te impulsa a emprender y te posiciona en las diferentes áreas laborales. En este punto es cuando papá se verá reflejado en la abundancia monetaria, en la existencia de la fluidez, en que te desarrolles a nivel profesional y también será lo que haga que aumenten los ingresos.

Una pregunta fundamental y que además es donde estén escondidas las trabas más grandes que tengas: ¿Qué significa PAPÁ para ti? Sé lo más sincero posible. Permítete verlo y enfrentarlo. En muchos de nosotros podemos descubrir que la palabra PAPÁ no tiene una connotación positiva por lo que hayamos vivido con y a través de él. Y esto es precisamente lo que hay que sanar dentro de nosotros.

Es tan importante que el día de hoy analices a profundidad cómo está tu relación con papá para que puedas desarrollarte profesionalmente, para que te estabilices y llegues a expandirte de la forma que siempre has deseado y obtengas las riquezas materiales que siempre has querido. Esta relación es fundamental para que esto suceda, pero, te repito, es dentro de ti donde hay que sanarla.

Si tomas a papá y lo pones en orden, vas a obtener la fuerza para tomar las decisiones correctas, lograrás que tracemos objetivos y metas, y las alcancemos. Nos aportará la cualidad de sentirnos cómodos con nosotros mismos, de tener claridad mental y tener la capacidad de conocer y poner límites. También permitirá afrontar con fuerza los problemas a los que nos enfrentemos y nos dará la capacidad de emprender nuevos empleos y negocios, para tener realización profesional.

Ahora te invito a hacer lo siguiente.

Ejercicios para hoy:

1. Responderás las preguntas con la honestidad que te sea posible.

    a.   ¿Qué es todo lo que detesto de papá?

____

____

____

____

____

b. ¿Cuáles son los rencores que le guardo?

____

____

____

____

____

____

c. ¿Qué es todo aquello que no me he atrevido a decirle?

____

____

____

____

____

____

d. ¿Qué es lo que admiro de él?

____

____

____

____

____

e. ¿Qué es lo que he aprendido de él?

____

____

____

f. ¿Qué es lo que le agradezco?

g. ¿Cómo me he portado como hijo? ¿Lo he lastimado, avergonzado, humillado?

h. ¿Qué cosas positivas tengo de él?

____

____

i.   ¿Qué cosas negativas tengo de él?

____

____

____

____

____

____

j.   ¿Qué significa realmente para mi PAPÁ?

____

____

____

____

____

____

2.   En un audio aparte, haremos un ejercicio para sanar al padre interior; un ejercicio a solas y en silencio que profundizarás lo más que puedas.

3. ¿Cuál es el nuevo significado de PAPÁ para ti ahora?

____

____

____

____

____

____

____

4. Interioriza lo vivido y aprendido en esta lección. Anótalo.

____

____

____

____

____

____

____

Un regalo para ti:

Entra en el siguiente enlace https://gladysnichols.com/RelacionesdeRiqueza e introduce el código **Riqueza888** para tener acceso a un ejercicio en audio sobre la reconciliación interna con PAPÁ.

La frase del día:

Papá es la fuerza y la disciplina que me abre las puertas de la riqueza

Día 16:
Relación con mamá

Gladys Nichols

Para sanar el vínculo con mamá hay que reconocer que hay un niño herido anhelando su amor como a él le hubiera gustado experimentarlo. Solo de esta forma vamos a poder conectar completamente con el adulto que ahora somos. Aceptar a mamá es algo muy importante en este proceso porque es empezar a mirar sin juicios todo lo bueno y lo malo que este hermoso ser hizo, hace y, de alguna forma, hará por nosotros, aunque algunos ya no la tengamos físicamente.

Honrarla y respetarla solo por el hecho de que nos ha dado la vida es lo más grande que podemos recibir. Este niño comenzará a sanarse cuando deje de intentar cambiar a mamá, cuando deje de poner su energía en eso y la enfoque en vivir su propia vida.

Una de las razones por las que estamos reunidos es porque la relación con mamá y el éxito tienen un vínculo fundamental en el nexo de riqueza que deseamos en nuestra vida. El éxito profesional, así como el general, tiene un lazo directo con esta relación, ya que mamá es quien da la vida. Está grabado en lo profundo de tu interior.

Si tú, como persona, tienes una buena relación con mamá, el éxito es una manera de decirle que estás al servicio de la vida al igual que ella lo estuvo al concebirte y cuidarte. Lo contrario ocurre cuando nos expresamos constantemente de una forma verbal o con posturas y actitudes inconscientes del desprecio hacia la madre. De esa forma, como hijo, te estás negando a que el mundo te quiera y, por ende, vas a ser víctima de constantes rechazos y de diferentes problemas para relacionarte socialmente, incluyendo la parte laboral. Date cuenta de la magnitud de lo que esto significa.

Cuando tú te conectas a la madre, te conectas a la vida, y la vida se conecta con el dinero. La prosperidad material va a empezar a fluir. Esto no va a sucederle a una persona depresiva y malhumorada que se queja o se entristece por el estilo de vida que lleva. Toda negación de la vida es una negación de tu propia riqueza y prosperidad.

Cuando estás bien con mamá, internamente le dices sí a la vida, y esto te va a traer grandes premios a nivel monetario. Parte de la clave es dar dinero. ¿Qué hace una madre? La madre da, no se queda con nada, por eso el dinero se invierte en cosas que propician el bienestar para una vida armónica. Esto es parte fundamental de lo que genera tener un buen vínculo porque empiezas a gastar e invertir dinero de una forma inteligente.

Todo esto es un sí a la vida y te permite llevar un estilo de vida cómodo y agradable.

Como tratas a mamá, la vida te trata. Es muy importante destacar que para que el dinero trabaje, rinda y se multiplique, hay que darlo, de lo contrario, se va a estancar tu negocio o tu profesión y tu éxito. Dar, más no regalar, dejar que produzca más, es una forma en la que estás honrando a tus padres, proporcionándoles satisfacción, bienes y atenciones.

La madre y la vida van unidas, no existen la una sin la otra; tomar a tu madre es tomar la vida sin tapujos, es un *sí* al cuidado, a la ternura, a la amabilidad, a la armonía… es un *sí* a un amor más grande para nosotros mismos.

Otra pregunta fundamental: ¿Qué significa MAMÁ para ti? Sé lo más sincero posible. Permítete verlo y enfrentarlo. En muchos de nosotros podemos descubrir que la palabra MAMÁ no tiene una connotación positiva por lo que hayamos vivido con, en y a través de ella. Es sumamente importante sanar esto dentro de nosotros porque todo comienza dentro.

En resumen, lo que viene con la aceptación interna de tu madre se verá reflejado externamente: conexión con la vida, nutrición física y emocional, autoestima, confianza, intuición, éxito y dinero.

Ahora te invito a hacer lo siguiente.

Ejercicios para hoy:

1. Vas a responder a cada una de las siguientes preguntas y anotarás todo lo que surja:

    a. ¿Qué detesto de mamá?

____
____
____
____
____
____

b. ¿Qué rencores le guardo?

____

____

____

____

____

c. ¿Qué no me he atrevido a decirle?

____

____

____

____

____

d. ¿Qué es lo que admiro de ella?

____

____

____

____

____

e. ¿Qué he aprendido de ella?

____

____

____

____

____

____

f.   ¿Qué le agradezco?

____

____

____

____

____

g.   ¿Cómo me he portado como hijo?

____

____

____

____

____

h.   ¿Qué cosas positivas tengo de ella?

____

____

____

____

____

i. ¿Qué cosas negativas tengo de ella?

____

____

____

____

____

____

j. ¿Qué significa realmente para mi MAMA?

____

____

____

____

____

____

2. En un audio aparte, haremos un ejercicio para sanar a la madre interior, un ejercicio a solas y en silencio que profundizarás lo más que puedas.

3. ¿Cuál es el nuevo significado de MAMÁ para ti ahora?

____

____

____

____

____

____

____

4. Vas a agradecer la lección del día de hoy y lo vivido, y anótalo.

____

____

____

____

____

____

____

Un regalo para ti:

Entra den el siguiente enlace https://gladysnichols.com/RelacionesdeRiqueza e introduce el código **Riqueza888** para tener acceso a un ejercicio en audio sobre la reconciliación interna con MAMÁ.

La frase del día:
Mis raíces son mi éxito y mi riqueza

Gladys Nichols

Día 17:
Relación con mis hermanos

Los hermanos siempre estarán unidos por el corazón y son grandes bendiciones, aunque algunas veces no los veamos así. Son aquellas personas que están más allá de todo y de todos; son compañeros del alma, de vida y del corazón. Normalmente, son relaciones que permanecen a pesar de los conflictos; nos hacen sonreír, a pesar de que haya días en los que queramos desaparecerlos; podemos discutir miles de veces, renegar de ellos, ignorarlos y desear que se los trague la tierra, molestarlos y hacerles bromas… Todo esto es mutuo. Los hermanos son como los enemigos, las personas con las que más pelearemos, pero a su vez, a los que más amaremos.

¿Por qué es tan importante la relación con mis hermanos? No hay mejor regalo que un hermano. Si le preguntas a una persona que es hijo único, te aseguro que responderá que le habría gustado tener un hermano para compartir. Los hermanos son grandes compañeros de vida, grandes maestros y, además, herramientas que la vida nos da para sacar nuestro mayor potencial.

A través de ellos se desarrollan diversas cosas: aprendemos a tomar en cuenta a las demás personas porque nos muestran que no todo es como y cuando uno quiere. Podemos hacer mucho drama y caos, pero nos enseñan a adecuarnos a las necesidades y deseos de los demás, si es que queremos aprender a convivir. Aprendemos el valor de la permanencia y nos enseñan el valor del perdón.

Conocemos los agravios que podemos causar en o recibir de nuestros hermanos. También sabemos que podemos pasar malos momentos a su lado, pero siempre van a ser cómplices y nos ayudarán a apaciguar las cosas. A veces no necesitamos decirnos absolutamente nada, pero podemos estar uno al lado del otro sin sentirnos incómodos y nos ayudan a calmarnos sin decir palabra. Allí te puedes dar cuenta de que una relación está más allá de todo y que, cuando reconocemos que hemos cometido un error, nos muestran nuestra capacidad de perdonar y olvidar. Son parte del entrenamiento de la vida *perdón y olvido*.

Aprendemos a superarnos. Los que tienen hermanos mayores aprenden que las cosas hay que ganarlas; aprenden a competir, a superarse, a decir: «Yo también puedo salir adelante» y, al mismo tiempo, a manejar la frustración y la ambición.

Los hermanos nos ayudan a equilibrar esa parte de nuestra vida. Nos ayudan a comprender los errores porque, al compartir nuestra vida, comprendemos lo que significa el error, y nos recuerdan que, así como tenemos éxitos, también tenemos fracasos, pero que no estamos solos.

Nuestros padres nos enseñan a compartir a partir de ellos. Esto sucede en las primeras etapas de la vida. Tendemos al egoísmo, pero si tenemos hermanos, esa parte comienza a disiparse: ceder espacio, prestar los juguetes, prestar la ropa, compartir el amor de nuestros padres… son parte de nuestro destino y, a veces, de nuestras metas.

Cuando tenemos hermanos, sabemos que nada es nuestro al cien por ciento. Nos ayudan a comprender que, si compartimos, la alegría se hace más grande.

Aprendemos, desde el juego, el sentido atemporal. Descubrimos cosas que parecen estáticas, perpetuas en nuestra vida: bromas, risas, penas, llantos, alegrías… cosas inevitables, pero que forjan una unión fraterna para siempre, que hace que el tiempo se detenga.

También comprendemos el trabajo en equipo, que no se aprende en las empresas, sino en la casa. Descubrimos que cooperar con un hermano convierte cualquier trabajo o tarea en una montaña de oro y diversión. La clave del éxito está en saber cooperar y reconocer que no hay fuerza que tenga más poder que alcanzar el entendimiento a partir de un objetivo en común: La unión hace la fuerza.

Una última cosa que aprendemos es el amor incondicional. Tener un hermano te enseña a amar sobre todas las cosas; aunque no estés de acuerdo con él, con sus decisiones, con las cosas que haga, aun así lo amas.

Yo no puedo pasar más de dos horas enojada con mis hermanas, así hagan la mayor estupidez en su vida. Han sido grandes maestras en mi vida. No importa lo que hagan o lo que digan, de cualquier forma las voy a amar.

Ahora te invito a hacer lo siguiente.

Ejercicios para hoy:

1. ¿Qué significa cada uno de tus hermanos para ti?

____

____

____

____

____

____

2. Te vas a permitir una charla con al menos uno de tus hermanos. Si eres hijo único, alguien a quien consideres un hermano. Le preguntarás lo siguiente: ¿Cómo he contribuido positivamente en tu vida? ¿Qué cosas he dicho o hecho que hayan marcado negativamente tu vida o creando un trauma que no haya podido superar? Te vas a limitar a escuchar sus respuestas. Será una plática de corazón a corazón. Si te nace, dirás «Lo siento» y «Gracias».

3. ¿Cuál es el nuevo significado de cada uno de tus hermanos para ti ahora?

____

____

____

____

____

____

____

4. Vas a reflexionar e interiorizar la experiencia y darás
gracias por todo lo aprendido en este ejercicio.

____

____

____

____

____

____

____

La frase del día:

Sé la parte
de la vida
que da luz,
no
obscuridad

Día 18:
Relación con mis antepasados

Gladys Nichols

Hay que comprender que las raíces ayudan a llegar a la causa. Solo podemos transformar lo que vemos. Si podemos ver la causa, el efecto se transforma.

Al hablar de nuestros ancestros, desde siempre sabemos que, por un largo tiempo, hemos escuchado hablar de la memoria ancestral del árbol genealógico. Tenemos una consciencia individual y una consciencia transgeneracional que incluye el honor y respeto por nuestros ancestros; sus decisiones y experiencias forman parte de nosotros, lo queramos o no, así como nuestras vivencias formarán parte de nuestra descendencia.

Lo que trabajamos con mamá y con papá nos permite honrarlos, respetarlos y comprender más el linaje del que provenimos; nos ayuda a darnos más claridad, reconocer habilidades y talentos en algunas áreas de nuestra vida mediante las experiencias pasadas. Al mismo tiempo nos puede ayudar a comprender la oscuridad, negatividad y frustraciones que hemos permitido en nuestra existencia. Esto nos regala una mayor consciencia para que las futuras generaciones sean mejores, ya que todo lo que no resolvamos se lo heredamos a ellos. No importa si eres soltero o si decides no tener hijos, esta información se queda en el linaje de la familia y pasa a hijos, sobrinos y nietos.

Situaciones como el alcoholismo, la frustración, el fracaso profesional, etcétera, se arrastran generacionalmente. Conocer esta información, ponerle nombre y repararla causará un desbloqueo energético que llevará luz a esa zona de oscuridad, por eso, es bueno asumir que fuimos creados en el tiempo por las historias de amor y de desamor de nuestra familia, también por sus riquezas y pobrezas. La claridad y la oscuridad son el punto de partida de nuestras vidas.

Al hablar de la información de nuestros ancestros podemos considerar que tenemos varios tiempos de memoria: la intrauterina, que está formada por las vivencias en el vientre materno; la posuterina, que se desarrolla cuando nacemos y hasta los siete años y es cuando formamos valores, seguridad y creencias; y la transgeneracional es la anterior a la gestación, la que muchas veces llamamos *destino*. Nuestra capacidad de amar está directamente relacionada con las experiencias de amor o de desamor de nuestros ancestros, así como nuestra capacidad de hacer dinero.

Saber la verdad sobre estas historias nos va a permitir comprender qué sucede en la nuestra. Si buscamos información sobre nuestros ancestros, descubriremos nombres, fechas y sucesos que se repiten, así podremos descubrir hilos conductores de nuestra vida y darnos cuenta de que el llamado *destino* está compuesto de historias ancestrales.

Preguntar por nuestros ancestros y por su historia es una toma de consciencia que nos va a permitir crecer, así vamos a vivir con plenitud. Si queremos interiorizar aún más, podemos hacer un trabajo terapéutico con un profesional.

Sin embargo, hay un momento en la vida en el que, de forma consciente, debemos romper lazos negativos y destructivos del árbol genealógico, agradeciéndole todo lo enseñado y seguir con nuestro camino para generar un nuevo código genético. Podemos romper muchos patrones negativos que, de otra forma, podrían seguir siendo dañinos o tóxicos, pero requerimos ser conscientes de ellos: transformar el dolor y heridas ancestrales en sabiduría pura y honrar a nuestros antepasados para que sean reconocidos y estén en paz. De esta forma, sanaremos el árbol genealógico, a nuestra propia vida y a nuestra descendencia.

Ahora te invito a hacer lo siguiente.

Ejercicios para hoy:

1. ¿Qué significan para ti tus antepasados?

    ____

    ____

    ____

    ____

    ____

    ____

    ____

2. Vas a indagar acerca de las preguntas que se te ocurran sobre tus abuelos, bisabuelos y tatarabuelos. Si eres de los afortunados que pueden hablar directamente con ellos, hazlo. Vas a reflexionar sobre las siguientes preguntas: ¿Qué coincidencias encuentro conmigo? ¿Qué comprendí de mí? ¿Qué comprendí de mi familia? Anótalas.

    ____

    ____

    ____

    ____

    ____

____

____

3. ¿Cuál es el nuevo significado de tus antepasados para ti ahora?

____

____

____

____

____

____

4. Agradece todo lo vivido el día de hoy y toda la claridad que hayas conseguido con la historia de tus ancestros.

____

____

____

____

____

____

La frase del día:
Si fortalezco las raíces, los frutos serán más fuertes y abundantes

Día 19:
Relación con amigos y compañeros de
trabajo

Gladys Nichols

Todo lo que tenemos y vivimos lo hemos escogido, todo lo hemos *cocreado*. Nosotros escogimos a la familia, aunque es algo que no solemos recordar. En el caso de los amigos y los compañeros de trabajo, son la familia que físicamente escogemos, por eso la importancia que llegan a tener en nuestra vida es fundamental; son otra forma de riqueza que permitimos que llegue hasta donde se expanda, ya que, con ellos y a través de ellos, propagamos lo que nosotros vinimos a aportar a este mundo.

Los amigos son un pilar muy importante de nuestra vida. Gracias a ellos conseguimos trabajo, pareja, buenos momentos de ocio, apoyo moral, emocional, apoyo mental o espiritual. Una de las mejores terapias para evitar la depresión o salir de ella es rodearnos de nuestros amigos.

Los amigos aportan innumerables beneficios. Con ellos aprendemos, tenemos experiencias únicas, momentos divertidos e inolvidables, alargan la vida, reducen el estrés, ayudan a vivir de forma más sana, apoyan a sobrellevar el dolor, mejoran nuestra salud cardiovascular, fortalecen nuestro desarrollo personal, nos ayudan a crecer y expandirnos como seres humanos en cada una de las áreas de nuestras vidas y nos ayudan a tener un mejor equilibrio emocional; son motivadores.

Los verdaderos amigos representan la forma más pura del amor, porque no importa lo que hagas, lo que digas o pienses, de cualquier forma, te aman y estarán allí para ti siempre, sin importar tus errores, porque saben que es parte de tu proceso y lo respetan, aunque no lo compartan o lo comprendan; no intentan cambiarte y te aceptan y te aman tal como eres.

Hay otra rama con la misma importancia. Se trata de la rama laboral donde tienes compañeros de trabajo y de negocios. Si te permites analizar a profundidad tu vida laboral, verás que pasas mucho más tiempo en tu trabajo que con tu familia y si no comienzas a ponerle más atención o la atención adecuada a este rubro no vas a poder darle la importancia que le da a tu vida actual.

¡Claro que tus compañeros de trabajo son tu familia, así que empieza a verlos como tal! Además, son detonadores directos de tu riqueza y abundancia. Entre más pronto te permitas trabajar en un lugar que ames, entre más te apasione lo que haces, más pronto **le vas a permitir al universo otorgarte lo que por derecho divino te corresponde**.

Son muchos los beneficios que te proporcionan los compañeros de trabajo, y más si te permites forjar una amistad con ellos. El trabajo es más ameno, divertido, te concede una mayor armonía que te da un mejor estado emocional, un sentido de pertenencia; al volverte amigo de tus compañeros eres más productivo, más creativo, expandes tu potencial, tienes mejores herramientas de comunicación, desarrollas el liderazgo, la simpatía y la toma de decisiones, entre muchas otras cosas.

Aquí quiero que pongas atención. Somos totalmente incoherentes, ya que queremos que un empleo que no nos gusta, que detestamos nos dé abundancia. Algo que desprecias no puede darte lo mejor de sí. Recuerda que la vibración lo es todo. Si vibras en odio, ¿cómo crees que el amor se va a acercar?

Es necesario comenzar a ver desde otra perspectiva la vida, y apreciar la parte laboral y a las personas que la componen. Se trata de estar a gusto, lo cual solo podrá ocurrir cuando te des la oportunidad de estar en un trabajo donde te sientas mejor, donde te permitas realizar y sacar todo tu potencial y comiences a apreciar seriamente lo que tienes aquí y ahora, lo que tanto te afanas por encontrar.

El universo, Dios, la vida responden a lo que vibras y te permite recibir. ¿Quiénes son tus amigos? ¿Quiénes son tus compañeros de trabajo? Todo ello, tú y solo tú, lo has elegido.

Ahora te invito a hacer lo siguiente.

Ejercicios para hoy:

1. ¿Qué significan para ti tus amigos?

____

____

____

____

____

____

2. ¿Qué significan para ti tus compañeros de trabajo?

____

____

____

____

____

____

3. Vas a tomar una hoja, vas a dividirla en dos con una línea y de un lado colocarás la casilla «Amigos». Del otro lado irá la casilla «Compañeros de trabajo». Luego responderás las siguientes preguntas en ambas casillas:

    a. ¿Qué tipo de personas son mis amigos?

    b. ¿Qué tipo de personas son mis compañeros de trabajo?

    c. ¿Qué tipo de personas son las que atraigo como amigos?

    d. ¿Qué tipo de compañeros de trabajo atraigo?

    e. ¿Por quiénes se compone mi círculo principal de amistades?

    f. ¿Quiénes componen mi círculo principal de compañeros de trabajo?

    g. ¿Me he permitido conocerlos de verdad?

h. ¿He permitido que me conozcan de verdad?

i. ¿Me aportan o me restan?

j. ¿Les aporto o les resto?

k. Si hay preguntas adicionales, puedes responderlas. Entre más profundices, mejor comprenderás estos dos círculos.

4. ¿Qué te está diciendo de ti este ejercicio?

____
____
____
____
____
____
____

5. ¿Cuáles son las cosas que predominan en tus respuestas?

____
____
____
____
____
____
____

6. ¿Te estás dando la oportunidad de conocerte un poco más a ti mismo a través de tus amigos y compañeros de trabajo?

____
____
____
____
____
____
____

7. Interioriza y anota todas tus experiencias de hoy con total sinceridad, y agradece lo vivido.

____
____
____
____
____
____
____

La frase del día:

El universo es cooperación y contribución

Día 20:
Relación con los demás

Gladys Nichols

Dentro de la relación que tenemos con nosotros y con el resto del mundo, hemos olvidado lo importante de la relación que potencialmente podemos tener con otras personas. Cuando digo *otras personas*, me refiero a aquellas fuera de tu círculo familiar y de amistades. Tú no puedes saber si alguna persona en la calle podría ser tu potencial socio de negocios, tu mejor comprador, tu mejor vendedor. Quizá una de las personas que desconoces pueda ser fundamental para tu salud salvando tu vida o curándote.

Por cada persona que despreciamos, que tratamos mal, que ignoramos, que tratamos sin respeto, que despreciamos alejamos la riqueza y la abundancia de nuestra vida. Tú no sabes si en alguna etapa de la vida alguna persona pueda volverse un cliente potencial para tu empresa o negocio, o si a través de esta persona puedas generar grandes cantidades de dinero.

«La vida da muchas vueltas» es una frase que muchas personas suelen decir porque jamás sabes quién puede ayudarte en alguna parte del camino o quién puede ser una persona clave en tu vida. No sé si alguna vez te habías tomado el tiempo para pensar y reflexionar en esto.

Se dice que todos de alguna forma estamos conectados y que somos uno. En redes sociales esto se ha vuelto un cliché, algo que se lee bonito, pero que al mismo tiempo es sumamente profundo y constituye una verdad: lo que le haces a otro, te lo haces a ti mismo. Si te permites ir más allá, te invitaría a que evitaras hacerle a otro lo que no te gustaría que te hicieran a ti.

Un gran maestro de los tiempos antiguos dijo: «Ama a tu prójimo como a ti mismo». Con el paso del tiempo se han perdido muchos valores, pero desde donde estás, en este momento y con la consciencia que tienes hoy, puedes comenzar a mejorar enormemente tu entorno. Basta con observar y observarte para dar lo mejor de ti a otros.

Hoy te invito a que observes, ya que constantemente nos estamos topando con personas en la calle a donde sea que vayamos. Me gustaría que te fijaras en ellos, en todas las personas, que realmente les pongas atención. Por la misma razón, considero que viajar es de las cosas más extraordinarias que puedes hacer para conocer a personas de distintos lugares. México es un lugar tan maravilloso, al igual que otros países, pero lo realmente fascinante es su gente. Conocer personas es lo que te va expandiendo e incluso puedes conocer gente que puede llegar a convertirse en tu familia.

Dondequiera que estés, nunca estás solo, a menos de que realmente quieras estarlo. Las personas tienen muchísimas cosas que aportar a nuestra vida y son oro puro, piedras preciosas, cosas que la vida muchas veces nos pone en bandeja de plata: sabiduría, conocimiento, relaciones, contactos. No sabes de qué forma te puede sorprender el universo a través de otras personas. Es tiempo de abrirnos a todas las posibilidades porque el universo está lleno de posibilidades.

Ahora te invito a hacer lo siguiente.

Ejercicios para hoy:

1. ¿Qué significa para ti una persona que no conoces?

   ____
   ____
   ____
   ____
   ____
   ____

2. Te vas a permitir conocer a una persona nueva. Date ese regalo: en la calle, en la fila de algún banco, donde estés. Permítete que la vida te sorprenda a través de esa persona y reflexiona sobre cómo tratas a las personas que no conoces. Anota tus respuestas.

____

____

____

____

____

____

3. ¿Cómo te sientes cuando ves a un vagabundo o una persona sin hogar?

____

____

____

____

____

____

4. ¿Qué estás haciendo para mejorar la vida de alguien hoy?

____

____

____

____

____

____

5. Vas a interiorizar y anotar todas tus experiencias de hoy con total sinceridad, y vas a agradecer lo vivido.

____

____

____

____

____

____

La frase del día:

El oro está por todas partes, solo que no todos se han permitido verlo

Día 21:
Relación con los animales

Gladys Nichols

La biodiversidad es la riqueza. Nuestro planeta alberga una cantidad de especies animales que todavía no puede ser cuantificada con exactitud. Diferentes formas, colores, estructuras y complejidad. Aproximadamente se han contabilizado un millón de especies que habitan nuestro planeta, pero debe haber cantidades insospechadas, sin contar aquellas que, con nuestro inmenso egoísmo, hemos destruido.

¿Y qué tiene que ver el mundo animal con la riqueza y la abundancia? Para empezar, el mundo animal es muy vasto y diverso. Esto nos debe enseñar muchísimo acerca de la riqueza y la abundancia, de lo que se requiere para adquirirla y expandirla.

Hoy en día se habla mucho del amor incondicional. Hay personas que lo dicen y lo repiten sin entender la profundidad de lo que significa, sin experimentarlo. En mi experiencia, te puedo compartir que los mayores maestros en cuanto al amor incondicional son los perros. Si tú tienes uno de estos animales, tienes un maravilloso ángel en tu hogar; siéntete profundamente bendecido y agradecido. Te puedo decir con certeza que en ningún curso, taller o seminario vas a poder aprenderlo si no lo has aprendido de ellos. Nadie puede enseñarte mejor lo que es el amor incondicional, entre otras cosas.

Ellos nos recuerdan constantemente cómo es vivir sin juzgar, sin criticar, sin quejarse. Les da alegría verte cada vez que regresas a casa y te reciben con el mismo entusiasmo. Sería hermoso si nosotros tuviéramos esa capacidad, si recibiéramos a las personas con esa alegría cada vez que las viéramos… estaríamos hablando de otro nivel.

Los perros pueden llegar a experimentar un miedo muy grande hacia las personas en caso de que la crueldad sea muy evidente, pero se necesitaría de muchísimo maltrato para que un animal se vuelva hostil. ¿Qué es todo lo que nos enseñan los animales como los perros? Lealtad, bondad, entrega, verdad, compañerismo, paz, relajación, alegría, diversión, compasión, perdón, amor…

En el caso de nuestros amigos los felinos, otra especie muy querida, también enseñan cosas, como las que repetí anteriormente, y nos muestran adicionalmente algo: ser originales, tener tus límites y tener tus espacios.

Todas estas cosas son parte de la riqueza y se requieren valores para que pueda expandirse. ¿Quién mejor que el reino animal como gran maestro para instruirnos acerca de la vida misma? Los animales tienen algo que nosotros hemos perdido: la capacidad de ver quiénes somos en realidad, de ver la pureza de nuestro ser y ver lo que realmente somos.

Ahora te invito a hacer lo siguiente.

Ejercicios para hoy:

1. Si tienes alguna mascota, responde lo siguiente: ¿Qué significa para ti tu mascota?

____

____

____

____

____

____

2. ¿Qué he permitido que me enseñe?

____

____

3. ¿Qué valores tienen?

4. ¿He permitido recibir lo que ellos tienen para mí?

5. ¿Qué les he dado yo de mí?

____

____

____

____

____

____

6. Si no tienes una mascota, te invitaría a que fueras a casa de un amigo que tenga uno, o puedes ir a un parque a observar los animales que andan por allí. Encuentra la forma de hacer los ejercicios.

7. Vas a agradecer por las enseñanzas del día de hoy y vas a interiorizar todo lo que viviste. Anótalo.

____

____

____

____

____

____

La frase del día:

De tu debilidad nace tu mayor fortaleza

Día 22:
Relación con el Creador de todo
lo que es

Gladys Nichols

Hoy vamos a hablar de nuestra relación con el Creador de todo lo que es: conciencia suprema, conciencia creadora, inteligencia infinita, Dios… ponle el nombre que mejor te agrade o con el que te sientas más cómodo.

Dios no es un concepto porque no es algo que pueda definirse. Dios es una experiencia. De hecho, es indefinible. Lamentablemente lo hemos humanizado y nos hemos desubicado, y hasta hemos peleado en nombre de Él: hemos acabado con muchos de nuestros hermanos y hemos hecho cosas muy lamentables como humanidad. No obstante, Dios es Dios y punto. Es la razón por la que tú y yo estamos aquí. Somos parte de Él: el ser, lo que es todo. No sé si te has dado cuenta de que a muchos de nosotros nos han pintado a Dios como un viejito de barba blanca y túnicas claras, muy lindo, pero Dios es energía pura, amor puro, es asexual o contiene los dos sexos; es algo que va mucho más allá de lo que vamos a poder comprender con nuestra mente humana.

Te repito, Dios no es un concepto: Dios es una experiencia. Dios es algo que solamente te puedes permitir experimentar. Y en verdad creo que hay una inteligencia infinita llena de amor que crea y concibe cosas maravillosas, como, por ejemplo, este cuerpo humano, algo que nosotros, con toda la inteligencia y los avances, no hemos podido replicar. Sin embargo, al mismo tiempo somos cocreadores y copartícipes del mismo. Los cinco sentidos con los que experimentamos la vida son una de las formas en las que Dios experimenta. Nosotros somos una parte de Dios experimentándose a sí misma.

Sé que hay muchas personas que dicen no creer en algo superior o que se autodenominan *ateos*. Sin embargo, en el fondo, pienso que de verdad deben creer en algo que está más allá de ellos. Y aquí reside la relación que te invito que tengas con este ser maravilloso, precisamente para que tu vida se expanda, trascienda y elimines todo lo que no te ha dejado ser quien realmente eres. Todo lo que te ha limitado de ti mismo. Recuerdo algo de mucho valor que me dijo un maestro: «**Imagina que no supieras cómo orar y solo pudieras decir GRACIAS. Esa es la mejor oración con la que puedes honrar a tu creador**». Es por lo que uno de los aspectos fundamentales que yo puedo compartir y subrayar con las personas es aquel en el que el corazón agradecido sobresale. Te invito nuevamente a llevar una relación más profunda con el creador de todo lo que es. No importa qué religión profeses o si no profesas ninguna, si vas a alguna institución religiosa o de cualquier otra índole, simplemente acércate, permítete tener una relación con ese Ser maravilloso. Y pregúntate: ¿Qué es Dios para mí? ¿En qué parte de mi vida está? ¿Es tu amigo, tu socio, tu cómplice, tu consejero, tu maestro, tu guía? ¿Qué es para ti? ¿Qué te gustaría que fuera? Invítalo a tu vida. Ábrele las puertas de tu corazón, concédete verlo en todo lo que tú eres, en todo lo que los otros son, en todo lo que haces, en todo lo que tienes, en cada persona, en cada lugar, en cada animal, en cada planta, en cada amanecer, en cada atardecer… permítete verlo en todo, porque si te permites verlo, Él se mostrará y todas las bendiciones que por derecho divino te corresponden se manifestarán en tu vida.

Ahora te invito a hacer lo siguiente.

Ejercicios para hoy:

1. ¿Qué significa para ti Dios?

____

____

____

____

____

____

2. Solo observa todo lo que puedas, maravíllate de la creación. Si te lo permites, quizá puedas ver más claro a Dios. Si te ves al espejo, quizá hoy lo puedas ver en tu propio rostro.

3. Agradece todo lo que salga de tu corazón.

La frase del día:
Donde creas que
no existe
Dios es porque estás
viendo la
ausencia de ti